LE ROMAN DES PAPES

DU MÊME AUTEUR

Essais et documents

Les Giscardiens (avec Christian Sauvage), Albin Michel, 1978.

L'Après-communisme de l'Atlantique à l'Oural (avec Jacques Lesourne), Robert Laffont, 1990.

La Vérité l'emportera toujours sur le mensonge, Comment le pape a vaincu le communisme, JC Lattès, 1991.

Le Bunker, Vingt ans de relations franco-soviétiques, JC Lattès, 1993.

Aux Bourguignons qui croient au ciel et à ceux qui n'y croient pas (entretien avec Mgr Roland Minnerath), éditions de Bourgogne, 2005.

Paris n'est pas la France, JC Lattès, 2005.

Blog à part, éditions de Bourgogne, 2007.

Le pape qui fit chuter Lénine, CLD, 2007.

Il était une fois la Puisaye-Forterre (avec Xavier Lauprêtre), éditions de Bourgogne, 2009.

Les Secrets du Vatican, Perrin, 2009.

Pourquoi le pape a mauvaise presse (entretiens avec Marc Leboucher), Desclée de Brouwer, 2009.

Biographies et mémoires

Jean-Paul II, Gallimard, collection « Biographies », 2003 (Prix des libraires religieux 2004). Réédition collection « Folio », 2006.

Benoît XVI, le dernier pape européen, Perrin, 2006.

J'ai senti battre le cœur du monde (conversations avec le cardinal Etchegaray), Fayard, collection « Témoignages pour l'Histoire », 2007.

100 photos pour comprendre Jean-Paul II, L'Éditeur, 2010.

Dictionnaires et anthologies

Le Dictionnaire politique du XXe siècle (avec Patrick Ulanowska), Le Pré aux Clercs, 2000.

Histoire illustrée de la Droite française, Le Pré aux Clercs, 2002.

Romans

Nadia, éditions du Rocher, 1994.

Revue de presse, JC Lattès, 1997.

Littérature jeunesse

La Bourgogne, quelle histoire ! (avec Jean-Louis Thouard), éditions de Bourgogne, 2004.

BERNARD LECOMTE

Le Roman des papes

De la Révolution française à nos jours

éditions du
ROCHER

« Le roman des lieux et destins magiques »
Collection dirigée par Vladimir Fédorovski

ISBN : 978-2-268-07124-4

Introduction

La foule de Saint-Pierre

Juin 1819

Rome, juin 1819. La place Saint-Pierre est accablée de chaleur. En ce dimanche radieux, la célèbre esplanade est noire de monde. On estime à cinquante mille personnes la foule qui se presse entre les colonnades du Bernin, sous lesquelles beaucoup recherchent un peu d'ombre, et sur les escaliers immenses menant à la basilique, dont les larges paliers sont recouverts de tapis incroyablement grands, comme on n'en vit jamais tisser de mémoire de pèlerin.

Des groupes de fidèles discutent, prient et chantent au pied de l'obélisque, venus des campagnes environnantes, en habits de fête. Les hommes sont en veste de velours vert ou bleu, coiffés d'un filet de soie, chaussés de bas blancs et portant de grosses boucles d'argent sur leurs souliers du dimanche. Les femmes de Frascati ou d'Albano, les cheveux retenus par un mouchoir blanc, la taille serrée dans un corset de brocart ou de soie, se distinguent par leurs colliers d'or et leurs interminables boucles d'oreilles. Venues du Sud, celles de Nettuno ou de Sezze portent des costumes sarrasins très colorés, des étoffes brillantes et des voiles de tissu doré soulevés par une brise légère, bienvenue en cette journée de canicule.

À l'entrée de la place, sur le terrain de terre battue, des files d'équipages manœuvrent dont les passagers, diplomates en frac, élégantes en mantille, se mêlent bientôt à la foule bon enfant. Derrière les majestueuses colonnades qui semblent embrasser cette immense assemblée multicolore, quelques calèches scintillent au soleil, tirées par des chevaux empanachés.

Le bourdon de Saint-Pierre retentit. Un murmure, comme un frisson, parcourt l'assistance. Tous les regards se tournent vers la façade de la basilique et pointent le balcon de la loggia centrale, où s'agitent déjà quelques éminences empressées ainsi que des acolytes porteurs d'éventails circulaires montés sur des hampes, ces *flabella* que le protocole réserve aux grandes cérémonies.

La foule éclate en applaudissements quand le pape fait son entrée. Pauvres hères et bourgeois puissants, riches étrangers et paysans miséreux, enfants endimanchés et vieillards chenus, tous s'agenouillent à même le sol. Lentement, le Saint-Père s'avance sur le balcon, porte les yeux au ciel et ouvre largement les bras. Par le truchement de cette assistance recueillie, c'est le monde tout entier qu'il bénit maintenant « *in nomine Patris, et Filii et Spiritus Sancti* », avant de disparaître par le fond de la loggia.

Cloches, roulements de tambours et musiques militaires ponctuent ce moment de grâce, que nous raconte avec émotion un étudiant anglais qui s'est fondu dans la foule des pèlerins :

> Quel être humain, s'interroge le jeune homme, pourrait devenir l'objet d'un spectacle aussi magnifique ? Quel souverain pourrait faire accourir des milliers d'étrangers et de nationaux, ambassadeurs, rois et empereurs mêlés avec des masses de pauvres venus à pied d'un lointain pèlerinage, et les faire

tomber à genoux à sa vue tant qu'il demeure à la fenêtre de son palais ?

Le jeune homme s'appelle Nicholas Wiseman. Il va fêter ses dix-sept ans. Remarqué par ses professeurs de l'Ushaw College, à Durham, au nord-est de l'Angleterre, il a été envoyé à Rome à l'automne, en compagnie de cinq autres adolescents méritants pour repeupler le Collège anglais de la ville. L'époque n'est pas encore aux avions de ligne, pas même aux bateaux à vapeur, et rallier Liverpool à Livourne sur un voilier constitue une aventure pleine de périls. La redoutable traversée, puis la longue route pour gagner Rome via la Toscane, ont duré deux mois et demi !

Toute sa vie, le jeune homme se rappellera le soulagement qui fut le sien en pénétrant dans la ville par le pont Milvius – ni les terrasses de Monte Pincio ni la villa Borghèse n'existent encore à l'époque – et la porte Flaminienne, que personne n'avait encore eu l'idée de baptiser « *del Popolo* ». Il se remémorera aussi, à vie, le bonheur indicible qui le submergea quand, à l'approche de la Ville éternelle, depuis l'antique via Flaminia, il aperçut pour la première fois, à main droite, le dôme de Saint-Pierre scintillant au soleil. Comment ne pas tressaillir en découvrant ainsi le plus grand édifice que les hommes aient jamais bâti, deux siècles auparavant, à la gloire du Dieu tout-puissant ?

Un autre souvenir, aussi intense, est resté gravé dans la mémoire du jeune Nicholas. Ayant appris le repeuplement du Collège anglais, le pape lui-même tint à recevoir en audience les courageux élèves, qui incarnaient à leur tour le rétablissement de l'Église, sous toutes ses formes, dans ses possessions romaines. Il ne suffisait pas que le pape, après les aléas des guerres napoléoniennes, eût réintégré son palais et sa basilique, encore fallait-il que les catholiques du monde entier contribuent à redonner à Rome son statut, son prestige, sa vitalité.

La veille de Noël, Nicholas et cinq de ses camarades, le cœur battant, ont donc monté le grand escalier du palais du Quirinal, traversé la Sala Regia, parcouru plusieurs galeries décorées de tapisseries antiques, avant de pénétrer dans l'antichambre de l'appartement du pape. Surprise : la pièce était si petite que les six adolescents n'ont pas pu procéder aux trois génuflexions traditionnelles dont on leur avait enseigné l'usage. Le pape les avait reçus comme un père reçoit ses enfants revenus à la demeure familiale :

> J'espère, dit le Saint-Père après leur avoir serré la main, que vous ferez honneur à Rome et à votre patrie…

L'audience fut brève, mais Nicholas Wiseman n'en oubliera jamais le moindre détail – même quarante ans plus tard, quand il sera devenu un des cardinaux les plus influents de son siècle. En cette année 1819, lorsque le collégien britannique découvre Rome, ses offices somptueux, ses riches bibliothèques, ses cafés bruyants et ses fastes surannés, il n'imagine pas qu'il servira quatre papes successifs, et non des moindres…

La fin de la papauté

Le sang des martyrs est semence de nouveaux chrétiens.

Tertullien

Le pontife qui bénit la foule et qui fait ainsi l'admiration du jeune Nicholas Wiseman, à Rome, en cette année 1819, c'est Pie VII. Son nom de baptême est Barnabé Chiaramonti. Il a soixante-dix-sept ans. C'est un personnage exceptionnel, au destin peu banal. Ne serait-ce qu'en raison des circonstances qui l'ont porté sur le trône de saint Pierre, dix-neuf ans plus tôt. Le jeune Nicholas n'était pas né, à l'époque, mais l'adolescent ne peut s'empêcher de mesurer le chemin parcouru, en dix-neuf ans, par la papauté.

Car au moment de l'élection de Pie VII, en mars 1800, le monde entier se demandait, tout simplement, si la papauté n'avait pas cessé d'exister. Et si l'Église catholique, apostolique et romaine qui avait dominé l'Europe pendant quinze cents ans, n'était pas condamnée à disparaître, faute de chef, de gouvernement central et d'autorité reconnue.

Le pape précédent, Pie VI, venait de mourir loin du Vatican, jeté dans une fosse commune à Valence, seul, sans même une cérémonie religieuse. Jamais, sans doute, l'Église n'avait connu un contexte plus dramatique au cours de sa longue histoire. Pour de nombreux contemporains, Pie VI avait été le dernier pape…

Le calvaire de Pie VI

Malheureux Pie VI ! Le vieux Giovanni Angelo Braschi avait-il mérité un destin aussi tragique ? Élu en 1775, l'année du sacre de Louis XVI, il avait vu poindre à l'horizon de l'Église les menaces les plus sombres : la défiance croissante des monarchies catholiques, désireuses de mieux contrôler leurs propres ouailles ; puis l'essor des Lumières, dont il avait considéré les idées comme une « ruse du diable » ; puis les excès de la Révolution française, dont l'une des directives avait été la lutte contre l'Église.

Au crépuscule du siècle, le monde ne tournait plus rond. L'ordre des choses et des États se fissurait à Paris, à Utrecht, à Vienne, mais aussi à Florence ou à Naples. De nouvelles théories politiques et économiques remettaient en cause les grands équilibres européens. Un peu partout l'on contestait l'autorité du pape, icône de l'ordre ancien, despote parmi les despotes. Rien d'étonnant à ce que Pie VI se battît pied à pied contre le « modernisme » et l'« irréligion » avant de condamner sévèrement les dérives révolutionnaires.

La coupe déborda au début de l'année 1791, lorsque la Constitution civile du clergé, en France, eut obligé les prêtres à prêter serment de fidélité au nouveau régime. Pas question, ordonna le pape, d'obéir à la Constituante, ce régime impie qui voulait ni plus ni moins détruire la religion catholique ! En France, plus de cent évêques et des milliers de prêtres refusèrent, parfois au prix de leur vie, de donner acte d'allégeance aux représentants de la nation.

L'assassinat public du roi Louis XVI, en janvier 1793, épouvanta Pie VI et le confirma dans son opposition frontale à une révolution régicide qui, à l'évidence, ne respectait plus rien. L'annexion brutale des territoires pontificaux d'Avignon et du Comtat venaissin fut la réponse armée des révolutionnaires français à cette hostilité papale. Puis, au printemps 1796, la chevauchée victorieuse des troupes du général Napoléon Bonaparte vers Milan, Bologne, Ferrare et Ravenne transforma cette opposition intransigeante en un affrontement mortel.

Le pape, face au péril, accepta de signer un traité de paix en février 1797, à Tolentino, avec ce jeune général de vingt-huit ans dont le véritable objectif n'était pas la papauté, mais l'Autriche. Las ! En décembre, à Rome, le malencontreux assassinat du général Duphot lors d'une rixe de rue devant l'ambassade de France, au coin de la via della Lungara, enflamma Barras et ses collègues du Directoire, qui ordonnèrent l'occupation de la Ville éternelle par quinze mille soldats commandés par le général Berthier. Le 15 février 1798, celui-ci proclama la « République romaine ». Le pape Pie VI, tel un monarque déchu, fut prié de quitter la ville *manu militari*.

Le pontife désemparé trouva refuge à Sienne, puis à Florence, où il s'enferma dans le monastère de la Grande-Chartreuse en la seule compagnie de deux serviteurs. Au bout d'un an, quand les Français eurent investi la Toscane, le pape, malade, fut expulsé vers Parme et Turin ; puis, après avoir franchi les Alpes, jusqu'à Briançon. On pensa le transférer à Besançon, puis à Dijon. Finalement, il fut emmené à la citadelle de Valence, au bord du Rhône. C'est là, le 29 août 1799, que le malheureux vieillard, tel Jésus après son chemin de croix, rendit l'âme à Dieu :

> Père, pardonnez-leur, ils ne savent pas ce qu'ils font !

Le vieux lutteur, âgé de quatre-vingt-deux ans, qui avait déjà perdu l'usage de ses jambes, mourut épuisé. L'évêque Giuseppe Spina, un des derniers prélats à l'avoir suivi dans sa terrible déchéance, lui ferma les yeux. L'infortuné « Giovanni Angelo Braschi, exerçant la profession de pontife », comme l'appela l'officier municipal chargé de constater le décès, n'eut droit qu'à des obsèques civiles. Pour les membres du Directoire, comme pour beaucoup d'observateurs en Europe, l'affaire était entendue : on venait d'enterrer le dernier pape.

Le conclave de la dernière chance

Mais le vieil homme, dans son chaotique exil, avait pris ses dispositions pour que se tienne après sa mort, contre vents et marée, le conclave qui désignerait son successeur. C'est ainsi qu'une trentaine de cardinaux déboussolés s'étaient retrouvés en octobre 1799 à Venise, où résidait alors le cardinal duc d'York, doyen du Sacré Collège. Les conditions étaient réunies pour qu'un conclave puisse s'engager, comme l'avait imaginé Pie VI, la ville étant alors placée sous la protection du très catholique empereur d'Autriche.

Le conclave s'ouvrit donc à Venise le 30 novembre, jour de la Saint-André. Pendant cent quatre jours, soit quatorze semaines, les cardinaux restèrent enfermés dans le monastère de San Giorgio Maggiore, sur l'île qui fait face au palais des Doges. Les délibérations avaient lieu dans une salle au-dessus de l'église décorée par le Tintoret. Matin et soir, *la Dernière Cène* du maître vénitien les rappelait à leur responsabilité historique. Le sort de la catholicité était entre leurs mains.

Nombre de rebondissements ont marqué ce conclave dramatique. À l'époque, les grandes puissances catholiques – France, Autriche, Portugal, Espagne – disposaient d'un droit de veto, appelé « exclusive », sur la désignation du pape. Lorsque les cardinaux semblèrent porter leurs suffrages vers le cardinal Bellisomi, soixante-trois ans, évêque de Césène, soutenu par l'Espagne, l'empereur autrichien François II fit savoir que sa candidature était inacceptable. Le même François II, par la voix du cardinal autrichien Herzan, réagit négativement quand les voix se portèrent majoritairement sur le nom du cardinal Hyacinthe Gerdil, quatre-vingt-un ans, un théologien savoyard que ses échanges polémiques avec Jean-Jacques Rousseau faisaient passer pour un peu trop réformateur : le cardinal français Maury, au nom du prétendant Louis XVIII, appuya ce refus ! Au contraire, quand le représentant de Vienne se réjouit trop ostensiblement du nombre de voix remportées par le cardinal Alessandro Mattei, cinquante-six ans, les cardinaux électeurs firent machine arrière. Il en fut ainsi des candidatures Albani et Antonelli. En ces temps troublés où les clivages politiques étaient exacerbés par le fracas des canons, où l'Église constituait un enjeu entre les puissances rivales, il n'était pas question d'élire un cardinal partisan d'un franc retour en arrière, ou un autre trop accommodant avec les idées qui ébranlaient l'Europe. Seul un homme de compromis pouvait l'emporter.

Un homme va jouer un rôle déterminant dans le choix final des cardinaux. Il s'appelle Ercole Consalvi. Il a quarante-deux ans. En l'absence du titulaire qui n'a pu quitter Rome, il a été désigné secrétaire du conclave. Ancien auditeur de la Rote – la Rote est une sorte de Conseil d'État pontifical – et assesseur de la congrégation militaire de la ville de Rome, Consalvi est un personnage aussi intelligent que dévoué à la papauté. Après trois mois et demi de réunions, de manœuvres et de débats, il oriente habilement les votes sur le nom de Barnabé Chiaramonti, cinquante-sept ans, un moine bénédictin devenu archevêque d'Imola, étranger aux dissensions de la curie. Aucune opposition ne se manifeste. Le 14 mars 1800, les cardinaux annoncent l'élection de Chiaramonti qui choisit de s'appeler Pie VII pour bien signifier la continuité avec son malheureux prédécesseur. Ce n'est peut-être pas le plus flamboyant ou le plus titré des *papabili*, mais l'Église catholique peut se réjouir : elle a de nouveau un visage, un nom, un chef.

L'étonnant destin de « Frère Grégoire »

Le nouveau pontife est originaire du même village que feu Pie VI : Césène, en Émilie-Romagne, non loin de la côte adriatique. Sa famille, de vieille noblesse romagnole, est liée à celle de son prédécesseur. Mais avant que la carrière de l'évêque Chiaramonti ne soit promue par la bienveillance du pape Pie VI, le destin n'avait pas épargné le petit Luigi Barnabé qui perdit son père à l'âge de huit ans et qui fut donc élevé par sa mère, la marquise Giovanna Ghini, une femme d'une exemplaire piété qui instruisit sa progéniture dans la morale chrétienne la plus stricte. D'ailleurs, plus tard, quand elle aura éduqué ses enfants, cette sainte femme se retirera dans un couvent de carmélites pour ne plus jamais en sortir. Une sainte, assurément, qui eût été rapidement béatifiée, sans nul doute, si le pape sollicité pour procéder à cette béatification n'avait pas été… son propre fils !

Il a de qui tenir, Barnabé Chiaramonti, en matière de piété. À seize ans, le jeune homme renonce à des études brillantes et prestigieuses, préférant se retirer dans l'abbaye bénédictine de Santa Maria del Monte, près de sa ville natale. Surprise de son entourage : un gamin aussi bien né n'était-il pas promis à une carrière magnifique ? Le voilà se détournant de toute fortune, de tout privilège, de toute distinction. Il s'appelle désormais « Frère Grégoire », moine parmi les moines, dormant sur un grabat de paille dans une cellule aux murs badigeonnés de chaux.

Qui aurait pu imaginer le destin de ce modeste bénédictin ? Un jour, le jeune moine quitte son abbaye pour assister, à Rome, au couronnement du pape Clément XIV. En ville, pour ne pas arriver en retard, il s'agrippe à l'arrière d'une calèche dont le cocher, au lieu de le chasser, lui dit :

> Cher petit moine, pourquoi êtes-vous si désireux d'assister à une cérémonie qui se déroulera un jour pour vous ?

Le futur Pie VII n'a jamais su s'il s'agissait d'une prémonition ou d'une boutade. Mais il se rappelle la vision qui bouleversa, ce jour-là, sa pieuse maman dans sa retraite carmélite : il serait, lui, son fils, humble disciple de saint Benoît, élevé à la papauté, et il aurait à en subir de grandes souffrances…

L'image de sa sainte mère inspirera aussi le moine Grégoire lorsqu'il aura à rédiger sa thèse de fin d'études ouvrant au doctorat de théologie. Parmi les « propositions » développées dans ce travail scientifique, le futur pape réfutera la thèse d'un théologien de l'époque convaincu qu'il n'y a pas place pour les femmes au paradis !

Il était écrit que Chiaramonti ne resterait pas toute sa vie anonyme et soumis dans sa robe de bure. L'homme est trop curieux des choses du monde. Lors de ses études supérieures à Santa Giustina de Padoue, puis à Sant'Anselmo de Rome, il découvre la culture janséniste et s'ouvre aux idées qui courent alors l'Europe au grand dam des éminences du temps. Quand sa congrégation l'envoie enseigner à Parme, où il restera dix ans, il souscrit même à l'*Encyclopédie* de Diderot et d'Alembert, il s'intéresse aux livres de Locke, aux idées sulfureuses de l'abbé Condillac, à une époque où les papes eux-mêmes, effrayés de telles licences, se ferment aux idées nouvelles.

S'il est critiqué par quelques censeurs ecclésiastiques, il bénéficie néanmoins de la protection personnelle de Pie VI et devient évêque de Tivoli en 1782, puis archevêque d'Imola en 1785. Le moine bénédictin se fait prélat. Le professeur se fait diplomate. Ce n'est pas une mince qualité, en ces temps de bouleversements politiques et de rodomontades guerrières. Alors que beaucoup d'hommes d'Église rompent avec le siècle pour cause de rigidité politique ou dogmatique, Chiaramonti, lui, est un homme d'ouverture et de compromis.

Il en donne la preuve à plusieurs reprises. Notamment le 8 juillet 1797, lorsque le général français Augereau, un des héros du pont d'Arcole, décide d'écraser l'insurrection montante dans la ville de Lugo, près de Ravenne. La mise à sac de la cité a commencé lorsque l'archevêque se jette aux pieds du militaire français pour demander grâce. Nombre de patriotes locaux ne voient pas d'un bon œil cette démarche humiliante qui a pourtant pour but de leur épargner la vie. Le cardinal recommencera plus tard avec les envahisseurs autrichiens, exhortant ses ouailles à accueillir ceux-ci comme des libérateurs. Ce double jeu lui vaut l'hostilité des uns et des autres, mais il évite ainsi bien des morts. Compromission ou ouverture ? À la Noël 1797, dans un sermon devenu célèbre, cet archevêque hors normes explique à ses diocésains incrédules qu'il n'y a pas de contradiction, au fond, entre la religion et les idées politiques issues de la Révolution française :

> Oui ! Mes bien chers frères, soyez de bons chrétiens, et vous serez d'excellents démocrates !

Manier la fermeté et la conciliation, éviter toute résistance inutile : ce précepte lui sera utile trois ans plus tard, lorsqu'il sera devenu pape. Car c'est l'empereur Napoléon en personne qui défiera – et avec quelle violence ! – le nouveau chef de l'Église…

L'alliance avec Consalvi

À peine élu par le conclave, au printemps 1800, le nouveau pape décide de quitter la cité des Doges et de rentrer à Rome, provoquant la colère de son impérial protecteur autrichien. François II n'ayant pas jugé bon de restituer au pape les territoires qu'il avait récupérés sur les Français (la Romagne, Bologne et Ferrare), le souverain pontife et son entourage se voient interdire la traversée de ces trois légations, où la population eût certainement acclamé le pape comme son prince bien-aimé : c'est exactement ce que l'empereur d'Autriche veut éviter !

Le pape décide alors de voyager par mer jusqu'à Pesaro, pour rejoindre Rome par voie terrestre. Il n'imagine pas dans quelles conditions rocambolesques il effectuera son retour vers la Ville éternelle : le seul vaisseau présent, la frégate *la Bellone,* apprêté à la va-vite, est si mal gréé qu'il doit faire escale sur la côte croate d'Istrie avant de revenir vers la rive italienne, où le pape devra accoster, piteusement, dans une chaloupe de fortune !

Le risque valait d'être pris. Lorsque le convoi arrive enfin à Rome, le 3 juillet, il est accueilli par une foule enthousiaste. Le roi des Deux-Siciles, souverain de Naples, qui en a tout juste chassé les derniers républicains français, vient de rendre la ville à la papauté – non pas par quelque désintéressement dû au Saint-Esprit, mais par calcul politique : l'Autriche gourmande aura plus de mal, pense-t-il, à absorber la cité papale qu'une simple et fragile possession du roi de Naples...

Quatre cardinaux ont accompagné Pie VII dans cette étonnante équipée, ainsi qu'Ercole Consalvi, l'homme à qui le nouveau pape doit son élection et qu'il a nommé pro-secrétaire d'État, puis secrétaire d'État – c'est-à-dire Premier ministre. Dans la foulée, Consalvi sera aussi promu cardinal, à quarante-trois ans, afin d'affirmer son autorité sur la curie romaine qui ne voit pas forcément d'un bon œil l'arrivée de ce jeune et trop intelligent prélat aux commandes de l'Église.

Or, l'alliance ainsi contractée entre ce pape ouvert et cultivé et ce secrétaire d'État brillant et dévoué va faire des miracles. Elle va conduire à une résurrection politique inespérée, apportant à ceux qui ne donnaient plus cher de la papauté un démenti flagrant – et à ceux qui espéraient une restauration de la Rome précédente, de sérieuses raisons de s'inquiéter. Car Pie VII et Consalvi profitent de la remise en place du pouvoir apostolique pour procéder, contre bien des avis locaux, à la modernisation des États pontificaux : administration rénovée, libre commerce, réforme monétaire, abolition des monopoles, nouveau système fiscal, suppression d'une trentaine de taxes, développement des sciences, promotion des arts, etc.

Une réforme, notamment, marque cette période : l'ouverture des emplois publics romains à des nobles laïques. Fallait-il vraiment porter la robe épiscopale pour diriger un théâtre ou distribuer des sacs de grains aux entrepôts de la capitale ? Sur le plan militaire, on institue une « garde noble » chargée de protéger le pape, en remplacement du corps des chevau-légers composé de soudards interlopes pas toujours très présentables ni rassurants. Le rusé Consalvi voit un avantage indirect, en cette période de pénurie, à cette innovation : les jeunes patriciens candidats à cet office, souvent fortunés, ne seront rétribués que pour l'entretien de leurs chevaux...

De tels changements ne vont jamais sans résistances. Ainsi, Consalvi se fait un ennemi redoutable en la personne du cardinal Braschi, le propre neveu du pape Pie VI, dont la fonction de camerlingue est assortie, depuis toujours, de juteuses compensations commerciales sur l'import-export ! Malgré bien des blocages intéressés, immobilistes ou corporatistes, toutes ces réformes redonneront confiance et prospérité à la papauté et à la cité qui l'abrite : depuis le départ de Pie VI, Rome était devenue une grosse ville provinciale d'à peine plus de cent mille habitants appauvris.

Ce retour de la stabilité politique et du dynamisme économique, au moins, justifie le volontarisme de Consalvi :

> La Révolution, écrit-il, a effectué dans l'ordre politique et moral ce que le Déluge a fait dans l'ordre physique en changeant tout à la surface de la terre !

Peu à peu, Rome reprend confiance et resplendit à nouveau de fastes, de pompe et d'encens. Il aura fallu l'union providentielle du duo Chiaramonti-Consalvi pour redonner lustre à l'État pontifical. Et aussi la volonté partagée de profiter des drames récents pour adapter la papauté à son époque :

> Grâces soient rendues à Napoléon !, dit un jour Consalvi, pour rire.

Du concordat au couronnement

Pour rire ? Depuis une dizaine d'années, la France ne fait rire ni le pape ni ses cardinaux. Le petit caporal corse, qui avait mis à sac l'État pontifical en marge de sa campagne d'Italie, en 1798, est devenu Premier consul. Il a désormais l'ambition de réconcilier les Français, tous les Français : ceux qui sont restés fidèles à leur Église, ceux qui ont voulu éliminer celle-ci du paysage national, et ceux qui ont servi ceux-ci en essayant de ne pas trahir ceux-là. L'idée de Bonaparte est simple : pour redonner cohésion à la nation, il veut « rétablir la religion en France ». Mais à son profit. Et à sa façon.

Pour cela, il entend obtenir du pape la signature d'un concordat redéfinissant les relations entre la « fille aînée de l'Église » et le chef de l'Église catholique. Or Napoléon, fidèle à lui-même, n'a pas l'intention de négocier quoi que ce soit. Il dicte personnellement les termes du concordat à son oncle, le cardinal Fesch, qu'il charge de recueillir l'assentiment du pape. Lequel, bien sûr, fait savoir qu'il n'est pas aux ordres du Français. Napoléon s'énerve, il ne supporte pas qu'on lui résiste, et menace, sans ambages, de lancer ses grenadiers sur Rome et de prendre la ville !

Pie VII sait que le Premier consul, capable du meilleur et du pire, ne plaisante pas. Après quelques mois de vaines tergiversations, il décide de lui envoyer Consalvi. Celui-ci, qui se serait bien passé de cette épreuve, fait alors la démonstration de son habileté, mais aussi de sa fermeté. Ce n'est qu'après avoir déjoué les ruses et les pressions de Napoléon qu'il finit par signer un traité, le 26 messidor de l'an IX (15 juillet 1801). Le texte en est équilibré et, somme toute, raisonnable. Malgré les réticences de nombreux cardinaux affolés de voir que le catholicisme n'est plus, officiellement, que la « religion de la grande majorité des citoyens français », il est ratifié par le souverain pontife dans une bulle intitulée *Ecclesia Christi*. Quelle ne sera pas la stupeur du pape et de Consalvi, quelques mois plus tard, en découvrant qu'une série de « lois organiques » imposées unilatéralement par Napoléon dénaturent sensiblement le traité concordataire !

Le pape contre Napoléon, c'est le pot de terre contre le pot de fer. Quand le Premier consul décide de se faire couronner empereur, en 1804, il exige de Pie VII qu'il se déplace, lui, le successeur de Pierre, « dans son propre intérêt », pour procéder au couronnement. Et le futur empereur de préciser qu'en cas de refus le pape s'exposerait aux plus grandes déconvenues ! Les menaces de Napoléon, à Rome, sont prises au sérieux. Après quatre mois d'hésitations, de négociations et de pressions, le pape fait savoir qu'il acceptera finalement l'invitation : Napoléon la lui fait aussitôt porter par un banal officier de gendarmerie, sans aucun égard pour son souverain destinataire, habitué à plus de considération.

Le 2 novembre, lendemain de la Toussaint, Pie VII part pour Paris, via Florence et Turin. Il arrive fatigué, le 27 novembre, dans la capitale. Le 2 décembre, jour du sacre, l'Empereur fait attendre le pape une heure et demie, assis dans le froid près de l'autel de la basilique Notre-Dame, pour lui faire comprendre, au dernier moment, qu'il posera lui-même la couronne impériale sur sa tête ! D'humiliations en affronts impériaux, Pie VII avalera ainsi maintes couleuvres en tentant à chaque fois de préserver sa propre dignité. Hébergé aux Tuileries, il reprendra la route de Rome en 1805, juste avant la semaine sainte : l'Empereur, inquiet de la popularité du souverain pontife, ne souhaitait pas que celui-ci célébrât Pâques dans sa capitale…

Vassal de Napoléon ?

Napoléon n'a pas fini de maltraiter le malheureux Pie VII. À la fin de cette douloureuse année 1805, son armée occupe sans prévenir la ville d'Ancône, qui appartient à l'État pontifical. Les protestations du pape n'y font rien. En janvier 1806, alors qu'il rentre d'Austerlitz auréolé par sa victoire sur l'Autriche et la Russie, il se proclame « empereur de

Rome », tout en accordant au pape le statut de « souverain » – un souverain aux ordres, naturellement. Le pape, vassal de Napoléon ! Voilà qui est autrement plus grave que la décision de l'Empereur de remplacer la fête de la Vierge, le 15 août, par la « Saint-Napoléon » ! La moindre des obligations dues à cette vassalité nouvelle étant, bien sûr, que le pape devra soutenir l'Empereur dans ses guerres contre telle ou telle puissance étrangère, à commencer par l'Angleterre :

> Votre Sainteté est le souverain de Rome, écrit Napoléon, mais j'en suis l'empereur : tous mes ennemis doivent être les siens !

Pie VII lui fait aussitôt savoir son refus le plus ferme, ne serait-ce qu'au nom de la neutralité qui s'attache à la fonction pontificale. Napoléon explose. Dans une lettre au pape, il exige l'expulsion de Rome de tous les Anglais, Russes, Suédois et Sardes, ainsi que la fermeture de tous les ports des États pontificaux à tous les ennemis de l'Empire français. Dans une lettre à son ambassadeur, le cardinal Fesch, il est encore plus direct :

> Dites bien au pape que je suis Charlemagne, l'épée de l'Église, son empereur ! Et que si le pape n'acquiesce pas à mes intentions, je le réduirai à la même condition qu'il était avant Charlemagne !

Dans la même missive fort peu diplomatique, Napoléon parle de Consalvi :

> Dites bien à Consalvi qu'il n'a pas le choix : ou il fait toujours ce que je veux, ou il quitte son ministère !

En juin 1806, quand il n'a plus d'autre défense contre la vindicte impériale, le pape sacrifie son fidèle Consalvi, lequel lui a d'ailleurs offert sa démission depuis longtemps. Le brillantissime secrétaire d'État est remplacé par le vieux cardinal Casoni, qui n'a ni son intelligence ni sa fermeté. Napoléon, poussé par le cardinal Fesch, a-t-il cru que le départ de Consalvi laisserait le pape à sa merci ? Le voici qui décide l'occupation soudaine, totalement imprévue, des territoires de Bénévent et Pontecorvo, qu'il attribue respectivement à deux de ses affidés, le ministre Talleyrand et le maréchal Bernadotte. Sans même en avertir le Saint-Père.

Le 2 février 1808, l'armée impériale entre dans Rome et occupe la ville. Les troupes romaines, impuissantes, sont incorporées de force dans les régiments français. La garde noble de Sa Sainteté est arrêtée et jetée en prison. En juin, Napoléon proclame l'annexion définitive de Rome à l'Empire français. La Ville éternelle va devenir le banal chef-lieu du département des « Bouches-du-Tibre » ! Le pape se retrouve déchu, enfermé dans son palais pontifical assiégé. Pour marquer son pouvoir, Napoléon a ordonné que huit canons soient braqués en face de la grande porte du palais du Quirinal.

Le 16 juin 1808, deux officiers de l'Empereur pénètrent de force dans le palais et en expulsent le nouveau secrétaire d'État, le cardinal Gabrielli. Aussitôt, le pape nomme à sa place le cardinal Bartolomeo Pacca, ancien nonce apostolique à Cologne et à Lisbonne. Rarement un secrétaire d'État aura pris ses fonctions dans un moment aussi dramatique, et avec la conscience que l'avenir le serait encore davantage.

Pacca tente bien de calmer la colère de l'Empereur en flattant son représentant local, le général Miollis, mais il déçoit le peuple de Rome, qui ne parvient pas à cacher son indignation face à ce genre de compromissions diplomatiques. Un matin, après la messe, le pape lui glisse :

> Monsieur le cardinal, on prétend dans Rome que nous dormons !

Et le secrétaire d'État d'élever aussitôt une virulente protestation devant les violences et autres exactions commises quotidiennement par l'armée française. Comment ne pas partager l'irritation des Italiens qui voient de lourds chariots remplis de statues anciennes et autres antiquités précieuses quitter Rome à destination de Paris ? Et qui doivent, tout au long du trajet, fournir eux-mêmes de nouveaux bœufs pour cet infamant convoi ?

L'Empereur excommunié

La pression monte. Un jour, un officier français, flanqué d'un major piémontais, entre sans s'annoncer dans l'appartement du cardinal Pacca, et lui signifie son expulsion immédiate de Rome. L'échange s'envenime lorsque la porte s'ouvre violemment : le pape en personne fait son entrée, les yeux hagards, les cheveux dressés sur la tête, et se met à accabler l'officier de protestations véhémentes, avant d'entraîner Pacca à sa suite et de lui donner l'hospitalité au deuxième étage, près de sa propre chambre !

La stratégie de Napoléon est claire : il s'agit, sans provoquer d'émeute populaire, d'isoler le pape, puis de le conduire loin de Rome sous prétexte de lui assurer la sécurité. Mais le petit peuple de Rome a compris ce manège et, désormais, chaque nuit, des groupes de Romains stationnent aux abords du palais afin d'attester, au besoin, que le pape a été enlevé. Ce petit jeu durera dix mois, jusqu'à ce que la patience de l'Empereur soit à bout.

Le 10 juin 1809, les Français hissent le drapeau tricolore sur le château Saint-Ange, salué par une salve d'artillerie, et publient un décret impérial annonçant la réunion de l'État pontifical à la France. Aussitôt prévenu, le pape sort de son tiroir la bulle d'excommunication que ses cardinaux ont rédigée à l'avance et la fait apposer par des afficheurs, à l'heure des vêpres, sur les grandes basiliques de Rome et à l'entrée du Campo de' Fiori :

> *Consummatum est !*, lâche le pape à Pacca, citant le Christ sur la croix.

L'enthousiasme des Romains à la lecture de la bulle *Quum memoranda* – qui frappe d'« excommunication majeure » tous ceux qui ont attenté aux droits de la sainte Église catholique – est de courte durée. C'en est trop pour l'Empereur, premier visé par les foudres papales, qui confie, narquois, au prince de Beauharnais :

> Le pape pense-t-il que cette excommunication fera tomber les armes des mains de mes soldats ?

Dans la nuit du 5 au 6 juillet 1809, le général de gendarmerie Radet, guidé par une poignée de révolutionnaires locaux et flanqué de quelques « soldats, sbires, coupe-jarrets, galériens, sujets rebelles et ivres de colère » (c'est un témoin qui raconte), fait abattre à la hache les portes du palais du pape, qu'il arrache brutalement à son lit, et lui signifie son départ sans délai. Pie VII, choqué mais digne, revêt lentement le camail et l'étole avant de s'enquérir auprès de Radet :

> Devrai-je partir seul ?
> – Votre Sainteté peut emmener son ministre, le cardinal Pacca.

Les deux principaux dirigeants de l'Église catholique sont alors priés de monter dans un mauvais carrosse, une bastardelle, dont la persienne, du côté du pape, a été clouée. Le cardinal Pacca racontera dans ses *Mémoires* que le Saint-Père, désemparé, « sans linge ni lunettes », fouille dans sa bourse, où il trouve un malheureux *papetto* – un billet de vingt sous – qu'il montre en souriant à leur garde-chiourme :

> De tout mon domaine, voilà donc ce qui me reste !

Le gendarme Radet est stupéfait de l'éclat de rire qui secoue ses deux augustes captifs, au fond de cette voiture malcommode qui, de nuit, les emmène en cahotant en direction de la Toscane…

Pie VII à Savone

Ce n'est pas la première fois, dans l'histoire, qu'un pape est arrêté par un prince et jeté en prison. Mais lorsque Boniface VIII fut mis aux arrêts par Philippe le Bel en 1303, ou Clément VII par Charles Quint en 1527, ce fut un tollé chez les rois et les princes d'Europe ! Alors que le malheur de Pie VII ne provoqua aucune réaction chez les souverains très catholiques d'Autriche, d'Espagne ou du Portugal, tous tétanisés par Napoléon. Les seuls à faire connaître au pape leur compassion sont les postillons de la porta del Popolo, au départ du carrosse ; puis les femmes de Monterossi ou de Radicofani, au bord de la route, folles d'émotion en reconnaissant l'auguste prisonnier ; puis, plus tard, les habitants de Grenoble, horrifiés de voir que les gendarmes français traitent le successeur de Pierre comme un vulgaire malfaiteur.

La voiture, étroite et inconfortable, emporte d'abord Pie VII jusqu'à la chartreuse de Florence, où le détenu retrouve l'appartement même où le pape Pie VI, dix ans plus tôt, a souffert un semblable calvaire – mauvais présage. Puis il passe quelques jours en détention forcée à Grenoble, où il est brutalement privé de la compagnie de son ministre Pacca, lui-même emmené à la forteresse italienne de Fenestrelle, l'une des plus sinistres prisons de la péninsule italienne. Une nouvelle équipée emporte alors le pape de plus en plus malade jusqu'à Savone, près de Gênes, où il restera plus de trois ans. L'histoire se répète…

Mais Barnabé Chiaramonti ne craque pas. Dans sa jeunesse bénédictine, il a été habitué aux jeûnes fréquents, aux veilles difficiles, aux épreuves de soumission. Dans sa prison, l'ancien « frère Grégoire » n'a guère de difficultés à raccommoder lui-même son seul habit, une soutane dont l'étoffe lui avait été offerte par le roi d'Espagne. N'aspirait-il pas, dans sa jeunesse, à une vie recluse dans une cellule monastique ? Sans cette fermeté d'âme, sans doute, il serait mort. L'isolement et une santé chancelante vont néanmoins l'affaiblir – c'est exactement le calcul de Napoléon – et le rendront sensible, au bout de trois années de détention, aux arguments de ses visiteurs de commande, de distingués prélats venus de Paris avec quelques arrière-pensées soufflées par l'Empereur…

Car Napoléon n'a pas renoncé à faire plier le pape et à mettre définitivement l'Église à sa botte. À la fin de 1809, il a ordonné à tous les cardinaux membres du Sacré Collège, que les événements avaient éparpillés loin de Rome, de s'installer à Paris, c'est-à-dire à portée de main. L'Empereur veut éviter qu'en cas de décès papal un conclave ne se réunisse quelque part loin de lui et, comme à Venise en 1800, n'élise un nouveau pontife en dehors de sa volonté.

Quelques éminences âgées – Antonelli, Della Porta, Casoni, Braschi – se font dispenser de ce déménagement inattendu pour raison de santé. Mais les autres doivent gagner Paris, où ils ont la surprise de se voir proposer un traitement somptueux : trente mille francs de pension annuelle, de beaux appartements, des invitations à toutes les fêtes de l'Empire. Certains acceptent, oubliant le sort de leur chef. D'autres refusent. Parmi eux figure Ercole Consalvi, qui connaît tout le monde à Paris depuis qu'il a négocié le concordat de 1801, et qui sait lire dans le jeu de l'Empereur. Il a vite compris, lui, que celui-ci vise à reconstituer un collège cardinalice entièrement à sa dévotion.

Consalvi ne cède ni aux flatteries ni aux pressions de Napoléon. Il ne répond pas aux invitations complaisantes du Tout-Paris. Il fait même partie des treize éminences qui, malgré les menaces du ministre Fouché et bravant la fureur de l'Empereur, refusent d'assister au remariage de celui-ci avec Marie-Louise d'Autriche – ne serait-ce que parce que la nullité de son premier mariage avec Joséphine de Beauharnais n'a pas été prononcée, comme il se doit, par le pape.

> Ils n'oseront pas !, avait fulminé Napoléon.

Ils ont osé. Napoléon, profondément vexé, interdit aux treize éminences rebelles d'afficher désormais leur dignité cardinalice : privés de la couleur pourpre, on les appellera les « cardinaux noirs ». Les treize dissidents paieront leur fidélité au pape d'un exil forcé à Rethel, Sedan, Reims (pour Consalvi), Saulieu, Semur et autres lieux où ces princes de l'Église devront vivre, sur place, de la charité des âmes généreuses et de collectes discrètement organisées par des fidèles courageux…

Paris, capitale de la papauté ?

L'Empereur a une idée : ayant appris que le pouvoir suprême, dans l'Église, avait toujours été disputé entre le pape et les conciles, il se met en tête de réunir un « concile national » dont les décisions feraient autorité et n'auraient plus à être validées par le pape. Le 25 avril 1811, il annonce son projet et ordonne à quelques hautes figures de l'Église de France – dont le complaisant Mgr de Barral, archevêque de Tours – de se rendre à Savone pour rallier le pape à cette formule. Argument à destination du Saint-Père : cette procédure est la seule capable de préserver l'Église universelle, bien mal en point, de la toute-puissante colère impériale.

Pie VII, troublé, ne rejette pas formellement le procédé. Napoléon s'engouffre dans la brèche et réunit, le 17 juin, le fameux « concile national » à Notre-Dame de Paris. En vain : même expurgée de ses adversaires les plus coriaces, l'assemblée refuse de se soumettre au diktat de l'Empereur qui, fou de rage, suspend le concile et enferme ses porte-parole au donjon de Vincennes !

Napoléon est très occupé, à cette époque, par la préparation de l'expédition de Russie, dont personne n'imagine encore qu'elle sera son plus gros revers et qu'elle l'entraînera vers la chute. L'Église n'est pas sa priorité. Il lui faudra un an pour contourner les obstacles, réduire les oppositions, briser les réticences, relancer le « concile national » et profiter de la faiblesse du pape dans sa prison pour lui arracher, à nouveau, un vague accord tacite – que le malheureux regrettera dès le lendemain, mais qui servira aussitôt de caution aux prélats français pour souscrire officiellement au dessein de l'Empereur.

À Savone, le 9 juin 1812, ses geôliers tirent soudain le pape de sa cellule. Il est 7 heures du soir, le départ est prévu à la nuit tombée. Ils le forcent à s'habiller en civil et le jettent, à nouveau, dans une voiture. Ordre a été donné de le conduire *sine die* à Fontainebleau. De relais de poste en relais de poste, la calèche gagne les Alpes qu'elle traverse par le Mont-Cenis, où elle fait halte à l'hospice, le 11 juin, au milieu de la nuit : les rares témoins rapporteront que le pape était si malade qu'on lui administra l'extrême-onction. Mais le colonel de gendarmerie qui l'escorte a des ordres stricts : le 14 juin, il oblige le pape à monter dans sa voiture pour quatre jours et quatre nuits de course folle, sans que le malade puisse même descendre du véhicule. Le 20 juin, le malheureux arrive à Fontainebleau, fourbu et moribond. Un témoin le décrit « pâle, courbé, maigre, les yeux enfoncés et presque éteints ». Le saint homme, de fait, mettra plusieurs semaines à se remettre de ce parcours qui faillit lui être fatal.

Surprise : à son arrivée, il n'y a personne pour l'accueillir ! Napoléon est pris par la campagne de Russie, qui tourne mal. Pendant plusieurs mois, ce sont les cardinaux « rouges » et les évêques français les plus proches de Napoléon qui viennent visiter le pape alité et l'entourent de leurs fallacieux conseils, évidemment empreints de pessimisme et de résignation. Le 19 janvier 1813, enfin, c'est l'Empereur lui-même, accompagné de l'impératrice Marie-Louise, qui débarque à Fontainebleau, entre inopinément chez le pape et l'embrasse avec effusion en s'enquérant de sa santé !

Pendant plusieurs jours, Napoléon et Pie VII tiennent conférence. À armes inégales, assurément. Le pape est aussi las que le monarque est pressé. Le 25 janvier, épuisé, Pie VII cède aux injonctions impériales et accepte les termes d'un projet de nouveau traité, base d'un futur concordat. Un accord léonin qui place l'Église tout entière sous la tutelle de l'empereur des Français.

Napoléon crie victoire. Contrairement à ses promesses, il publie aussitôt le texte de l'accord, sous la forme d'un concordat, et ordonne qu'un *Te deum* soit chanté dans toutes les églises de l'Empire pour célébrer la réconciliation entre l'Église et l'État. Mais celle-ci, à peine connue, provoque un trouble profond chez les catholiques : est-il possible que le Saint-Père ait accepté de sacrifier ainsi son pouvoir ? Le pauvre Pie VII, conscient de son erreur, sombre dans la dépression – au point de ne plus célébrer la sainte messe !

Fort de son triomphe, Napoléon ordonne qu'on libère tous les cardinaux et prélats emprisonnés, y compris Consalvi et Pacca qui ont suivi depuis leur exil respectif, consternés, les déboires de leur maître. Prêt à passer l'éponge sur leur obstruction passée, il les reçoit en grande pompe aux Tuileries, leur explique qu'il voudrait que Paris soit désormais la résidence des papes, et qu'on enterre même les membres du Sacré Collège au Panthéon. À l'idée de « pourrir à côté des ossements de Mirabeau et de Marat », dans ce qu'il qualifie de « vestibule de l'enfer », le cardinal Pacca a un haut-le-cœur !

Pie VII rentre à Rome

Il faudra des semaines de tractations discrètes, au château de Fontainebleau, à l'insu des agents secrets de l'Empereur qui furètent en permanence dans ses appartements, pour que Pie VII adresse une lettre à Napoléon, le 24 mars 1813, où il lui signifie « avec regrets » qu'il considère le traité comme nul et non avenu – ce que Napoléon, dans un premier temps, choisit d'ignorer avec superbe, avant de pester à nouveau contre les Consalvi, Pacca et autres éminences coupables, à ses yeux, d'avoir remonté le pape contre lui :

> Si je ne fais pas sauter la tête de dessus le buste à quelqu'un de ces prêtres de Fontainebleau, les affaires ne s'arrangeront jamais !

Au moins cette rétractation audacieuse rend-elle la santé à Pie VII, qui retrouve vite sa bonne humeur, comme soulagé de ce poids trop lourd pour ses vieilles épaules. Autre motif d'optimisme : l'empereur des Français, après le désastre de Russie, se trouve bientôt en position délicate, poussé à signer un armistice avec ses ennemis ligués contre lui et réunis autour de l'empereur François d'Autriche. Pie VII, par lettre, exprime à celui-ci son désir de retrouver sa souveraineté temporelle. Après trois mois et demi de prison et dix-huit mois de relégation, interdit de conversations sérieuses avec ses cardinaux, privé de contacts avec les habitants, cerné par les agents de Napoléon, Pie VII n'a qu'un souhait : retrouver Rome.

Napoléon, contraint et forcé, décide de se débarrasser de ce prisonnier dont il n'a plus rien à attendre, sinon la colère des catholiques de toute l'Europe. Le 23 janvier 1814, le colonel Lagorse est chargé de ramener le pape à Rome – qui n'est plus sous tutelle française – via Orléans, Lamotte-Beuvron, Brive, Montauban, Castelnaudary : l'enthousiasme des fidèles sur le passage du pape est exceptionnel. Surtout après l'abdication forcée de Napoléon et son départ pour l'île d'Elbe.

> Nous avons traversé la France au milieu d'un peuple à genoux, écrira Pie VII au ministre Fouché.

Agacé par la versatilité des sujets de l'Empereur, le colonel Lagorse apostrophe la foule en traversant le pont sur le Rhône qui sépare Beaucaire de Tarascon :

> Hé ! Que feriez-vous donc si l'Empereur venait ici ?

– Nous le ferions boire [en le jetant dans le Rhône] !

Le malheureux Lagorse pouvait-il imaginer qu'un an plus tard, l'Empereur échappé de l'île d'Elbe serait ovationné en remontant à marche forcée, le long de la Durance proche, la route menant jusqu'à la capitale ? Les Cent-Jours, ce formidable sursaut d'un homme qui prétendait encore vaincre l'Europe, ont forcé le pape et son entourage, rentrés à Rome le 24 mai 1814, à se réfugier provisoirement à Gênes pour échapper au retour du prince Murat ! Jusqu'à ce que l'issue de la bataille de Waterloo, un an plus tard, sonne enfin, pour tous, comme une délivrance.

En juin 1815, les jeux sont faits. Contre la moitié de son propre peuple et la quasi-totalité des puissances européennes, Napoléon s'avoue vaincu. Les Anglais l'expédient sur l'île de Sainte-Hélène sans espoir de retour. À la conférence de Vienne, où les grandes puissances victorieuses se partagent les dépouilles impériales, Consalvi en personne négocie le rétablissement des États pontificaux démembrés par l'Empire : les Marches d'Ancône ainsi que les duchés de Bénévent et de Pontecorvo. C'est son secrétaire, Mgr Mazio, qui apporte au pape, à Rome, l'heureuse nouvelle.

Après tant et tant de déboires, Rome redevient, officiellement, la capitale de la papauté.

Les papes se suivent…

L'Église de Rome ne ressemble plus qu'à une vieille ruine où ne peut entrer désormais aucune vie nouvelle.

Herder

Rome, 22 août 1823. Sur les marches de la basilique Saint-Pierre, Nicholas Wiseman s'est glissé dans la file interminable des fidèles qui, lentement, vont s'incliner devant la dépouille mortelle de Pie VII et, comme le veut la tradition, lui baiser les pieds. Le pontife, dont le corps a été embaumé, est allongé sur un lit de parade, revêtu d'une chasuble violette. Il est exposé à la dévotion des pèlerins dans une des chapelles latérales de Saint-Pierre. Un immense catafalque couvert d'inscriptions et orné de statues emplit la nef. C'est là, pendant neuf jours qu'on appelle les « Novendiales », que seront célébrés, de préférence en fin de journée, nombre d'offices funèbres, tous conclus par un vibrant panégyrique du défunt. On n'enterre pas un pape comme un simple mortel.

L'adieu à Pie VII

Nicholas Wiseman ne manquerait pour rien au monde ces cérémonies aussi émouvantes que fastueuses. Le jeune homme, âgé de vingt et un ans, vit toujours à Rome où il a quitté le Collège anglais afin de préparer un doctorat de théologie. Il a été le témoin passionné de la récente résurrection de la papauté romaine. Il a suivi avec bonheur le retour de la Rome pontificale sur la scène internationale. Il était présent à chacune des visites officielles qui ont récemment flatté les Romains. Il a vu Pie VII recevoir en grande pompe le couple impérial d'Autriche, le roi d'Espagne, le roi de Naples et le roi de Prusse. Il a aperçu, montant les marches du Quirinal, déjà aveugle, le très pieux Charles-Emmanuel IV de Savoie. Il a vu se réfugier à Rome la sulfureuse Caroline de Brunswick, princesse de Galles en exil, mais aussi Laetitia Bonaparte, la propre mère de l'empereur déchu, venue se placer sous la protection d'un pape bien peu rancunier…

Après huit années où il maintint l'équilibre entre la restauration du pouvoir de l'Église et quelques audacieuses réformes administratives, Pie VII meurt le 20 août 1823, à l'âge de quatre-vingt-un ans. Jusqu'au bout de son pontificat agité, l'ancien moine bénédictin était resté d'une grande simplicité. Le soir, le vieux pontife sortait discrètement de son palais et allait faire un tour, à pied, vers la porte Pia, où il bénissait les passants avec une égale humanité, qu'ils fussent gentilshommes, ouvriers ou mendiants.

Le 6 août, on ne l'a pas vu faire sa promenade à la porte Pia. Dans son bureau du Quirinal, le malheureux vieillard est tombé de son fauteuil et s'est cassé le col du fémur. Il va souffrir atrocement pendant six semaines, à en perdre ses dernières forces. Ses collaborateurs catastrophés, comme tétanisés, n'ont pas osé informer leur maître du dramatique incendie qui a détruit, une nuit, la basilique Saint-Paul-hors-les-Murs. Des ouvriers ont mis le feu au toit du bâtiment, en bois de cèdre desséché, provoquant l'affaissement des chapelles latérales où Barnabé Chiaramonti, naguère, a étudié et prié étant moine. Autant lui épargner ce tourment supplémentaire.

Le 16 août, il commence à délirer. Partout dans la ville, les fidèles récitent pour lui la prière *Pro pontificio in extremis*. Le 19, il reçoit l'extrême-onction. Puis il s'endort dans la paix du Seigneur.

« Vous avez élu un cadavre »

Si Pie VII a été inhumé dans la crypte de la basilique Saint-Pierre, c'est au Quirinal que le cardinal camerlingue a organisé le conclave destiné à lui désigner un successeur. La résidence du pape comprend, en effet, une longue aile monumentale que l'on peut diviser en nombreux appartements, ceux-là mêmes qui seront attribués aux cardinaux par tirage au sort et dans lesquels ils n'auront plus aucune communication avec l'extérieur: ils y seront bel et bien enfermés « *cum clave* », c'est-à-dire « à clef », comme le veut la tradition, jusqu'à ce qu'ils s'entendent sur le nom du nouveau chef de l'Église catholique.

Au soir du neuvième jour des Novendiales, le 2 septembre, les cardinaux se sont donc réunis dans une église proche du Monte Cavallo. Ils se dirigent maintenant en procession vers la grande porte du palais apostolique, chacun avec sa suite – un secrétaire, un chapelain, un ou deux domestiques. Nicholas Wiseman est là, dans la foule des curieux qui, des deux côtés du cortège, assiste à la procession. C'est le moment d'apercevoir des cardinaux célèbres, et d'autres qu'on ne voit jamais.

Voici que passe devant Nicholas le plus connu, sinon le plus aimé : Ercole Consalvi, courbé par les souffrances et le grand âge. Puis l'autre secrétaire d'État de Pie VII, Bartolomeo Pacca, droit et raide. Puis De Gregorio, le « grand pénitencier », les cheveux blancs, la démarche un peu hésitante, dont le jeune Chateaubriand, quand il était diplomate à Rome, écrivit qu'il eût fait un pape « convenable ». Suivent le vieux napolitain Firrao, âgé de quatre-vingt-sept ans, apparemment en pleine forme, puis le sympathique Galeffi, archiprêtre de Saint-Pierre. Viennent ensuite le cardinal Opizzoni, archevêque de Bologne, et le tout jeune Odescalchi, trente-huit ans, premier jésuite à avoir été sacré cardinal depuis que Pie VII a rétabli la Compagnie de Jésus en 1814.

Des quarante-neuf personnages qui franchissent ainsi à égalité le seuil du palais, un seul sortira pape. Sera-ce le plus sage ? Le plus souriant ? Le plus digne ? Dans le Livre des Rois, Dieu a cette formule :

> N'ayez d'égard ni à la bonne mine ni à la taille avantageuse : je ne juge pas des choses par ce qui en paraît aux yeux des hommes…

Aux yeux des hommes, pourtant, la politique est là, inévitable, qui partage les cardinaux en deux camps : les *zelanti*, partisans du retour à l'ordre ancien, et les modérés, ou *politicanti*, convaincus de la nécessité d'adapter l'Église aux temps nouveaux. Les *zelanti* sont nettement majoritaires et c'est un des leurs, le cardinal Severoli, qui se retrouvera en tête du premier tour de scrutin avec 27 voix. Mais depuis Vienne, le ministre Metternich, par ailleurs ami de Consalvi, chef de file des modérés, fera jouer l'« exclusive » au nom de l'Autriche, avec la complicité de la France : dans un concert de protestations impuissantes, Severoli se verra privé de la tiare.

Dans la procession, c'est à peine si l'on a remarqué un cardinal de grande taille, un peu décharné, au pas mal assuré, pâle comme un homme relevant de maladie. C'est le cardinal-vicaire de Rome, mais on ne le connaît guère, car il ne sort presque jamais et passe davantage de temps dans sa chambre, alité, qu'aux offices dominicaux. Il s'appelle Annibale Della Genga. C'est son nom que le premier cardinal-diacre, Mgr Albani, prononcera le 28 septembre, du balcon du Quirinal, après la formule traditionnelle :

Annuntio vobis gaudium magnum : habemus papam !

Fidèles, pèlerins, diplomates, curieux et habitants de Rome apprennent ainsi que le conclave a élu le cardinal Della Genga, lequel a choisi de s'appeler Léon XII. Une longue salve d'applaudissements prolongés et joyeux se propage dans toutes les rues qui mènent au palais, tandis que des tirs de canon annoncent, à grand fracas, que l'Église catholique a un nouveau pasteur.

Qui est donc Annibale Della Genga ? L'élu du conclave est né en 1760 près de Spolète, dans le château qui porte le nom de sa famille. Pas étonnant, sa vocation s'étant affirmée, que le sixième enfant du comte Flavis Della Genga entrât à l'Académie des nobles ecclésiastiques, le prestigieux établissement qui préparait les enfants de la noblesse italienne à la conduite des affaires publiques. C'est là que le pape Pie VI remarqua le jeune homme, affecté à son secrétariat, et le nomma – très jeune, et contre son gré – archevêque de Tyr, puis, très vite, nonce apostolique à Cologne, puis à Munich. Légat du pape à Paris en 1808, profondément découragé par la lutte mortelle que Napoléon livrait alors à la papauté, il avait décidé de se retirer dans un monastère à Monticelli, où ce passionné de musique sacrée entendait consacrer le reste de sa vie à chanter le Seigneur.

Mais en 1814, après la chute de Napoléon, Pie VII le tire de sa retraite pour l'envoyer féliciter en son nom le nouveau roi de France, Louis XVIII. Deux ans plus tard, il est nommé évêque de Senigallia, près d'Ancône, puis élevé à la pourpre et nommé cardinal-vicaire de la Ville éternelle. Une fonction prestigieuse qu'il n'exercera qu'à mi-temps, entre de multiples séjours au lit.

À l'issue du conclave, aux cardinaux incrédules, le nouveau pape lance :

> Vous avez élu un cadavre !

Chacun l'entend comme une boutade et prend pour de l'émotion la pâleur extrême du nouveau successeur de saint Pierre.

Le couronnement de Léon XII

Le 5 octobre 1823 a lieu, à Saint-Pierre de Rome, l'imposante cérémonie du couronnement. Le jeune Wiseman ne l'aurait manquée pour rien au monde, car l'état de santé de Pie VII interdisait au vieux pape de présider de tels offices, et c'est la première fois que l'étudiant britannique assiste à une grand-messe pontificale. C'est la première fois – mais non la dernière – qu'il assiste à cette marche lente du cortège vers le maître-autel de la basilique vaticane, à deux pas des dignitaires, nobles, ambassadeurs, évêques et patriarches orientaux. C'est aussi la première fois qu'il assiste à ce rituel unique : par trois fois, la *sedia gestatoria*, la célèbre chaise à porteurs sur laquelle est assis le nouveau pape, soutenue par des *sediari*, s'arrête ; par trois fois, un clerc de la chapelle papale lève un roseau surmonté d'une poignée d'étoupe à laquelle il met le feu ; par trois fois, tandis que les cendres tombent aux pieds du pontife, le chapelain chante d'une voix sonore :

Pater sancte ! Sic transit gloria mundi !

« Ainsi passe la gloire du monde… » Par trois fois, le nouveau pape contemple, la tête penchée, ces cendres qui tombent à terre. Il est blême et languissant. Il n'a que soixante-trois ans, pourtant nul plus que cet homme malade, qui monte maintenant sur le trône de saint Pierre, ne peut mesurer la vanité de cette gloire éphémère dont il est désormais nimbé. Quand les gardes tombent à genoux, frappant le sol de leur glaive, et quand le cardinal-diacre le ceint de la triple couronne, Léon XII sait que son pontificat ne sera pas des plus longs. Ce qui ne l'empêche pas, depuis la loggia des bénédictions, de bénir le peuple de Rome massé devant la basilique :

… *In nomine Patris, et Filii, et Spiritus Sancti !*

Dans les premiers rangs de la foule, Wiseman répond, comme tous ses voisins :

Amen !

Pour les observateurs de l'époque, une question se pose aussitôt : qui sera le secrétaire d'État du nouveau pape ? Le pontificat de Pie VII avait montré l'importance de ce poste qu'Ercole Consalvi avait occupé jusqu'en 1806 et qu'il avait retrouvé en 1815, après être rentré, fêté comme un héros, du congrès de Vienne. Consalvi s'était entièrement consacré à restaurer le prestige de la papauté retrouvée, notamment sur le plan diplomatique. N'était-il pas allé personnellement à Londres rencontrer deux monarques non catholiques, l'empereur de Russie, Alexandre Ier, et le prince-régent d'Angleterre, futur George IV ? N'avait-il pas conclu des concordats avec la Prusse protestante et la Russie orthodoxe ? Mais sa popularité avait beaucoup souffert de sa volonté de moderniser les États pontificaux par des réformes administratives et fiscales durement combattues par les *zelanti*, partisans du retour au cléricalisme d'antan.

Le nouveau pape fait son choix : il remplace Consalvi par le cardinal Della Somaglia, un conservateur notoire. Consalvi – qui n'a pas voté pour Della Genga, auquel il s'était violemment opposé en 1814, lorsque le futur pape était nonce à Paris – est-il déçu de ne pas être reconduit dans son rôle ? Si c'est le cas, il le cache bien. Lors du couronnement de Léon XII à Saint-Pierre, il se fond humblement dans la masse des cardinaux. Puis il s'en va prendre une retraite méritée au bord de la mer, au sud de Rome.

À la veille de Noël, cette année-là, alors que Consalvi se repose dans le petit port de Porto d'Anzo, le pape Léon XII, souffrant, l'envoie chercher. C'est la première vraie rencontre entre ces deux hommes aux portes de la mort. Léon XII, chaleureux, lui promet de le consulter désormais pour les affaires importantes. Le 13 janvier, il le nomme préfet de la Sacrée Congrégation de la propagande. Mais Consalvi meurt dix jours après leur entretien. Le pape a tout juste le temps de faire parvenir sa bénédiction apostolique à celui qu'il a connu trop tard et qui n'aura eu, de toute sa vie, qu'une seule passion : le service de l'Église.

Le jubilé de 1825

Léon XII est un homme simple, doux et pieux. Levé chaque jour à 5 heures, il passe l'essentiel de sa matinée en méditations, prières et services divins, auxquels s'ajoutent quelques audiences obligées. À part un simple bouillon le matin après la messe, il dîne une fois par jour, seul, le plus souvent d'un peu de morue séchée. Ses années passées au monastère de Monticelli l'ont habitué à la régularité et à l'austérité. Ce pape-là, au fond, est un contemplatif, attentif à privilégier le spirituel.

Il est désireux de conforter d'abord la piété des fidèles. Personne ne devrait s'étonner quand il rend publique son idée de ressusciter une tradition tombée en désuétude au milieu du siècle précédent : depuis l'an 1300, les papes avaient l'habitude de convoquer régulièrement tout le peuple chrétien à des jubilés ou « années saintes ». L'an 1800 aurait pu être une de ces années jubilaires si Pie VI n'avait pas été chassé de Rome un an plus tôt.

Léon XII proclame donc que 1825 sera une « année sainte ». La décision est très contestée par son entourage, inquiet de voir des centaines de milliers de pèlerins déferler dans la Ville éternelle : le jubilé ne va-t-il pas plomber les finances de l'État pontifical ? Et ne va-t-il pas attirer à Rome, profitant de l'aubaine, d'innombrables malandrins, chômeurs et autres comploteurs ?

Comme l'avaient fait jadis ses lointains prédécesseurs, Léon XII inaugure donc le jubilé la veille de Noël, dans la basilique Saint-Pierre, en ouvrant solennellement la « porte sainte », habituellement murée, à l'aide d'un marteau d'argent. Tête nue, une torche à la main, le pape se rend ensuite au pied du maître-autel, suivi des cardinaux, pour y chanter les premières vêpres de Noël, tandis qu'on ouvre à la foule des pèlerins les autres portes de la basilique.

Bien entendu, Nicholas Wiseman est là, qui participe au maximum de cérémonies. Notamment à celle du 15 août, sur la piazza Navona, où le pape en personne vient bénir les quinze mille pèlerins massés autour des célèbres fontaines pour entendre les sermons du chanoine Muccioli, à la superbe voix de stentor. Le pape en profite pour visiter, au centre de la place, le palais Pamphili, alors ambassade de Sa Majesté le tsar de toutes les Russies : cette intrusion amicale du pape chez le principal représentant de l'orthodoxie suscita d'interminables et pas toujours bienveillants commentaires dans toute la chrétienté.

À l'occasion de l'« année sainte », nombre de monuments de la ville ont été restaurés et les rues principales, souvent mal pavées, ont fait l'objet de travaux de réfection. De son côté, la police a été priée de rendre plus sûres les routes menant à la Ville éternelle : proliférant sur le terreau de l'anarchie et de la guerre, le banditisme s'est grandement développé et gangrène désormais toute l'Italie centrale.

Mais qu'on ne s'y trompe pas : la fête est spirituelle. Léon XII l'a voulue ainsi. Les théâtres romains sont fermés, les réjouissances publiques suspendues, un peu comme si on faisait carême pendant douze mois. Le but est de « purger » la ville du péché, d'en faire un havre de sainteté destiné à l'édification du monde entier. L'attribution d'« indulgences » aux pèlerins, cette tradition si critiquée par les protestants de toute l'Europe, va dans ce sens.

Dans la ville, les meilleurs prédicateurs se succèdent aux chaires des églises, les confessionnaux sont tenus par des prêtres parlant toutes les langues, les associations sont mobilisées pour l'accueil des pèlerins dans des centaines de dortoirs et de réfectoires improvisés : « lettres de pèlerinage » et « billets d'hospitalité » donnent droit à une soupe chaude, à un lit pour deux ou trois nuits, à l'accès à un lavoir et à des onguents distribués par des pharmaciens à ceux que la route, fatigante et dangereuse, aurait blessés.

Parfois la soupe est servie par quelque éminence de passage. Le pape lui-même se rend plusieurs fois dans ces refuges, inopinément, chaussé de simples sandales, à la stupéfaction des pèlerins présents dont quelques-uns, au hasard, se voient invités à souper à la table du pontife ! Parfois, parmi les voyageurs pauvrement vêtus, quelque étranger de haut rang se remarque par son allure distinguée ou ses manières précieuses : nul ne se mêle alors de déranger ce prince ou ce chevalier venu de loin, incognito, faire ses dévotions au milieu des pèlerins de Rome.

Une curie réactionnaire

Ce pape très religieux est moins entreprenant dans le registre politique. Sur ce plan, il ne déçoit pas les *zelanti*, qui l'ont élu au conclave avec une idée simple : revenir au *statu quo ante*. C'est une curie très réactionnaire qui l'influence et le pousse à renforcer l'Index, à conforter le Saint-Office, à rétablir le clergé dans ses privilèges temporels – ceux que Consalvi, justement, avait considérablement réduits. Il restaure les restrictions imposées à la communauté juive, de nouveau cantonnée dans des ghettos. Le « ministre de l'Intérieur » du pape, le cardinal Rivarola, donne tout pouvoir à la police, encourage l'espionnage, aggrave les châtiments. Rome devient une des cités les plus arriérées d'Europe.

Léon XII ne se prive pas non plus de dénoncer les « erreurs » du siècle : le libéralisme, l'indifférentisme, la franc-maçonnerie – que son prédécesseur Pie VII avait déjà qualifiée de « satanique ». L'heure n'est ni à l'ouverture ni à la faiblesse. D'autant plus qu'un nouveau danger, venu de

Naples, essaime à présent dans les États pontificaux : les *carbonari*, ces groupuscules sans foi ni loi, aussi secrets que révolutionnaires, qui ne pensent qu'à renverser le régime…

Nicholas Wiseman, lui, gardera un souvenir très particulier de ce pape si simple mais, en même temps, si facile d'accès. Léon XII possédait une petite maison à six kilomètres de Rome, près de Frascati, dans le vignoble, où il allait régulièrement se détendre et méditer. Il préférait cette humble bicoque au palais de Castel Gandolfo, où il ne mit jamais les pieds. Le jeune Britannique raconte avec émotion que le Collège anglais – dont lui-même est devenu vice-recteur – envoyait ses jeunes faire les vendanges non loin de là, dans un camp d'été situé à Tusculum, près de Frascati, et que le pape, un beau jour de 1827, rendit à ces jeunes une visite surprise, désarmante de simplicité, que chaque élève allait garder longtemps en mémoire.

Deux ans après cette visite champêtre, Léon XII trépasse, emporté par la maladie qui ne lui a laissé aucun répit. Le 2 février 1829, sentant venir la mort, il prend congé de son secrétaire « pour les lettres latines aux puissances étrangères », Mgr Testa, qui s'en trouve bouleversé :

> Dans peu de jours, nous ne nous verrons plus !

Le lendemain, il demande à un autre de ses collaborateurs de corriger son épitaphe dans les meilleurs délais. Le 6 février, il termine un ultime travail avec son secrétaire d'État, le cardinal Bernetti, puis, revenu dans ses appartements, il entre en agonie. Il meurt le 10 février après avoir reçu les derniers sacrements.

Pour lui, tout est fini. Pour l'Église, il faut tout recommencer.

Trois conclaves en six ans

Le 23 février s'ouvre, au palais du Quirinal, un nouveau conclave, qui sera beaucoup plus court que les précédents. Comme à chaque fois, les grandes puissances catholiques s'inquiètent de l'élection du nouveau pontife. Les ambassadeurs donnent soirée sur soirée. Le ministre français François René de Chateaubriand communique directement ses consignes aux cardinaux français – Latil, de Croy, d'Isoard et le vieux Tirrao – qui viennent d'arriver à Rome : les « bons » candidats sont Cappellari, Opizzoni, Benvenuti, Zurla, Castiglioni, enfin Pacca et De Gregorio, mais il n'est pas question de favoriser le riche et intelligent cardinal Albani, trop lié à la cour d'Autriche. Si Albani devait être élu, Chateaubriand envisage de faire jouer le droit d'exclusive dont dispose la France.

Chateaubriand n'aura pas à intervenir. En cinq semaines, les cardinaux se mettent d'accord pour élire Francesco Saverio Castiglioni. Et c'est le cardinal Albani, dont l'élection était si redoutée par l'ambassadeur français, qui annonce la nouvelle au peuple de Rome, le 31 mars :

Habemus papam !

À dire vrai, la nouvelle n'étonne personne. Castiglioni n'avait-il pas déjà recueilli de nombreux suffrages au conclave précédent ? Il a des qualités éminentes, il a mené une vie irréprochable, son cursus est parfait : évêque à trente-neuf ans, emprisonné de 1808 à 1814 pour n'avoir pas prêté allégeance au régime napoléonien, spécialiste en droit canon, incollable sur les Saintes Écritures, nommé cardinal à cinquante-cinq ans, il fut naguère ami et complice de Consalvi, qu'il assista comme juriste dans ses négociations avec Napoléon. Sa personnalité fait consensus. Il n'a qu'un défaut, Castiglioni : il est encore plus malade que ne l'était Della Genga ! Le pontificat s'annonce bref. Dans l'esprit de ses électeurs, les choses sont claires : ce sera un pape de transition.

Le nouvel élu choisit de s'appeler Pie VIII, en hommage à Pie VII, le pape qui l'avait fait cardinal, qui espérait même en faire son successeur. Pie VII lui avait dit un jour, en guise d'affectueuse boutade :

> Votre Sainteté Pie VIII fera mieux que nous après nous !

Ce pontificat ne durera que vingt mois. Pie VIII, qui a pris Albani comme secrétaire d'État, maintiendra l'hostilité de Rome à l'égard des idées modernes, de la franc-maçonnerie, des sectes néoprotestantes venues d'Amérique, du relâchement de la morale. Au moins assouplira-t-il le régime policier qui faisait la honte de bien des hommes d'Église.

Le nouveau pape aura tout juste le temps de réagir avec modération, voire avec sympathie, aux événements qui agitent encore la France – les Trois Glorieuses en juillet 1830 et l'avènement de Louis-Philippe –, au grand dam des légitimistes qui viennent chercher à Rome, affolés, quelques lointains soutiens aux Bourbons désavoués…

À moitié paralysé, incapable d'assumer ses audiences, Pie VIII meurt le 30 novembre 1830, obligeant la curie à réunir, de toute urgence, un conclave. Pour la troisième fois en six ans !

Après Pie VIII, Grégoire XVI

On prend les mêmes et on recommence. À quelques décès près, ce sont les mêmes cardinaux qui se retrouvent au

Quirinal à la mi-décembre 1830 : les Albani, Lambruschini, Bernetti, Opizzoni, Galeffi, Benvenuti, Zurla, Pacca, Cappellari, De Gregorio, Pedicini, Giustiniani, Cristaldi, etc. Tous ont grandi sous l'Ancien Régime. Tous ont vécu dans leur chair les offensives, attaques et autres humiliations subies par l'Église depuis trois décennies. Il ne faut pas attendre de cette génération qu'elle épouse les innovations politiques et culturelles du siècle. Ni même, pour beaucoup de ses membres, qu'elle les comprenne.

Les grandes puissances catholiques, elles aussi ébranlées par l'évolution des idées et des mœurs, sont sur le qui-vive, prêtes à exercer leur faculté d'exclusive. Ainsi, le cardinal Giacomo Giustiniani, qui obtient 21 voix sur les 29 exigées pour atteindre la barre des deux tiers des suffrages, est rembarré par la cour d'Espagne : le cardinal Marco y Catalán le fait savoir au doyen, le vieux Bartolomeo Pacca. Giustiniani, grand prince de l'Église, de haute stature, prononce alors un discours de grande qualité pour remercier le roi d'Espagne… de lui avoir « épargné un aussi lourd fardeau » !

Finalement, c'est le cardinal Cappellari qui est élu le 2 février 1831, en la fête de la Purification, après cinquante jours de tractations. Il l'emporte de justesse, par 30 voix contre 14 à Pacca, soutenu par Albani. Était-il donc le seul, cet érudit connu pour ses idées fort peu progressistes, à satisfaire à la fois l'Autriche et la France sans indisposer l'Espagne ? Chacun constate, au sein de l'auguste assemblée, que le nouveau pape est catastrophé par sa propre élection, et qu'il aurait souhaité, lui aussi, qu'on lui épargne cet inhumain fardeau…

Mais le Saint-Esprit en a décidé ainsi, et l'on ne se rebiffe pas contre la volonté de Dieu. Surtout quand on a choisi d'être moine. Car Bartolomeo Alberto Cappellari, né en 1765 à Belluno, a pris l'habit à l'âge de dix-huit ans pour s'enfermer au monastère San Michele di Murano, près de Venise. Devenu camaldule – une branche très stricte de bénédictins –, le moine « Mauro » s'est consacré à l'enseignement de la science et de la philosophie. Ses écrits l'ont fait remarquer et il est devenu, en 1805, abbé du monastère romain de San Gregorio Magno, sur la colline du Caelius, dominant le Circo Massimo et les thermes de Caracalla. À part la parenthèse napoléonienne qui l'a exilé à Murano, à quelques encablures de Venise, il a passé tout son temps dans cet endroit de rêve, dans l'ombre de trois papes, à enseigner et à enrichir la magnifique bibliothèque du lieu. Quand il a été nommé préfet de la Propagande, en 1826, il a continué à habiter à San Gregorio où il espérait bien finir ses jours. On comprend que cette ultime promotion apostolique ne le comble pas de joie…

Le nouveau pape décide de s'appeler Grégoire, le seizième du nom. Son couronnement donne lieu à une cérémonie magnifique, car elle comprend aussi sa consécration épiscopale – sans laquelle Grégoire XVI n'eût pas été en mesure d'ordonner d'autres évêques. C'est Nicholas Wiseman, une fois encore, qui nous raconte ce grand moment. L'ancien étudiant britannique, docteur en théologie, a été ordonné prêtre en 1826. Mais surtout, il s'est vu proposer, malgré son jeune âge, le poste de recteur du Collège anglais. Ce qui vaut à ce prélat zélé et talentueux, bon connaisseur de l'Antiquité, pilier de la Bibliothèque vaticane, d'avoir approché de près chacun des papes successifs.

Wiseman, dans ses mémoires, se rappelle ainsi qu'un moine en habit blanc, le père Cappellari, avait participé à sa propre soutenance de thèse, six ans plus tôt, en compagnie d'un prêtre français, l'abbé Lamennais. Qui eût imaginé que le premier deviendrait un des papes les plus conservateurs du siècle et condamnerait sévèrement les œuvres du second, champion du libéralisme catholique honni à Rome ?

Quand la révolte gronde

Grégoire XVI, âgé de soixante-cinq ans, est d'un physique moins racé que ses prédécesseurs. Il ne parle que l'italien et le latin. Il est toujours gai. Contrairement à ses aînés, il est d'une santé robuste. Il a appris, au monastère, à se lever bien avant l'aube et à marcher beaucoup. Il va épuiser ses assistants et serviteurs lors de ses longues promenades le long de la via Flaminia qu'il prend l'habitude de remonter à pied jusqu'au pont Milvio, appelé « ponte Molle », et parfois au-delà !

À peine élu, le nouveau pape doit faire face aux soubresauts révolutionnaires qui grondent depuis Modène et Bologne. Le 12 février 1831, le carnaval prévu à Rome est annulé *in extremis*. Ce soir-là, on entend des détonations et des tirs sporadiques dans la ville. La garde civique est renforcée. La poste centrale subit un assaut vain – le malheureux portier de l'établissement meurt, tué d'une balle perdue.

Les choses ont changé : les émeutiers n'exigent plus des changements politiques ou économiques. Désormais, au nom de la « nation », ils veulent installer la « république » : il n'y a rien à négocier, les insurgés revendiquent tout le pouvoir et, sans concession, l'abolition de la papauté.

La menace grandit. Grégoire XVI, qui n'a pas le choix, fait appel à l'Autriche, la puissance amie la plus à même de le défendre. Le chancelier Metternich, qui a beaucoup œuvré, de loin, pour son élection, lui donne satisfaction. Les troupes autrichiennes écrasent la révolte. Mais la situation reste tendue : dès le repli de l'armée impériale, les troubles reprennent. En mai 1831, les grands d'Europe exigent du pape qu'il lâche du lest et réforme, d'urgence, l'administration des États pontificaux.

En vain. Décidément fermé à toute innovation, Grégoire XVI réitère, dans l'encyclique *Mirari vos* (1832), ses anathèmes contre le libéralisme, coupable à ses yeux de toutes les dérives de l'époque. Sa condamnation solennelle du livre *Paroles d'un croyant*, de l'abbé Lamennais, fait grand bruit. Pas question, pour le pape, d'imaginer qu'on puisse un jour séparer l'Église et l'État ! Il récuse aussi, en même temps, le rationalisme et le fidéisme, jetant les bases intellectuelles de l'équilibre à venir entre la raison et la foi.

Conservateur, le pape Cappellari n'est pas borné. Il réorganise la curie en profondeur ; il invente un système de sécurité sociale pour les personnels du Vatican ; il accueille ostensiblement des ambassadeurs ottomans ; il édicte une bulle, en 1839, condamnant la traite des esclaves. Mais il refuse de transformer l'État pontifical en une sorte de monarchie constitutionnelle : quel fou peut imaginer qu'un jour le pape, les cardinaux et les évêques soient le produit d'une élection démocratique ? Quand il meurt, en 1846, la situation de l'État pontifical n'a jamais été aussi précaire depuis Napoléon.

Cette année-là, Nicholas Wiseman n'est plus sur place pour nous décrire les obsèques de Grégoire XVI, qu'il a pourtant bien connu. En quinze ans, le jeune Britannique a fait carrière. Tout en dirigeant le Collège anglais, il a été nommé conservateur des manuscrits arabes à la Vaticane, professeur de langues orientales à l'université de Rome, puis, en 1840, il a été renvoyé en Angleterre pour devenir évêque coadjuteur de Wolverhampton et président d'Oscott College. Il a passé vingt-deux ans à Rome. Il a connu les drames, les restaurations, les angoisses et les menaces qui ont marqué, pendant près d'un quart de siècle, son long séjour romain. C'est depuis l'Angleterre qu'il assistera à l'élection de Pie IX, et qu'il suivra les étapes mouvementées du pontificat le plus long de l'histoire.

Le dernier pontife roi

C'est une loi de l'histoire : quiconque mange du pape, en crève !

Adolphe Thiers

Bref retour en arrière. La scène se déroule au printemps 1814. Napoléon a abdiqué le 4 avril. Le pape Pie VII, qui a quitté Fontainebleau en janvier, a franchi les Alpes, accompagné de son chapelain, Mgr Bertazzoli, et rentre à Rome. Venant de Bologne, il gagne la côte adriatique et, le 11 mai, fait étape à Senigallia, l'ancienne Sinigaglia, une petite ville de l'Ombrie au lointain passé gaulois. Le lendemain matin, il est rejoint par son secrétaire d'État, le cardinal Pacca, et quelques autres éminences. Des émissaires sont partis pour Rome, afin d'organiser l'accueil du Saint-Père dont le cortège va repartir pour Ancône, Lorette, Spolète, salué par une foule de plus en plus enthousiaste.

Avant son départ de Senigallia, on présente au vieux pontife des enfants, afin qu'il les bénisse. Dans la cohue, un jeune homme regarde le pape avec une intensité toute particulière. Il s'appelle Giovanni Maria. C'est le second fils du comte Jérôme Mastai Ferretti, l'ancien maire de la cité, et de la comtesse Catherine Sollazzi. Son oncle André, évêque de Pesaro, a été jeté en prison pour sa fidélité au pape. A-t-on prié, dans cette famille, pour le malheureux Pie VII et pour l'Église persécutée ! Et comme on s'y réjouit, ce jour-là, de voir le pape enfin libre caracoler jusqu'à Saint-Pierre de Rome !

Personne, évidemment, ni dans les calèches en partance ni dans la foule qui les acclame, ne peut imaginer que le jeune Giovanni Maria sera un jour le successeur de Pie VII sous le nom de Pie IX.

Les tribulations de l'abbé Mastai

En 1819, l'adolescent de Senigallia, qui a longtemps été handicapé par des crises d'épilepsie, est devenu prêtre. Le jour de Pâques, à Rome, il célèbre sa première messe à l'autel de Sainte-Anne-des-Menuisiers, rue Giulia – ce n'est pas une église, mais la chapelle d'un hospice pour orphelins où il assiste le directeur. Il va passer sept ans dans cet établissement, au milieu d'une centaine d'enfants sans parents ni ressources. L'antique rue Giulia est à deux pas du Campo de' Fiori, au cœur de la vieille Rome : Giovanni Maria n'est pas isolé, il voit du monde, il fait des rencontres intéressantes.

Un jour, il reçoit la visite de Mgr Giovanni Muzi, qui vient d'apprendre sa propre nomination comme nonce apostolique en Amérique du Sud, et qui lui propose d'être du voyage. Les pays de cette région se sont émancipés de la couronne d'Espagne, non sans heurts. Le temps est venu d'organiser leurs liens directs avec le Saint-Siège. Cette mission exceptionnelle est une véritable aventure, qui effraye la mère du jeune homme. La comtesse Mastai en réfère au pape en personne : est-il bien prudent d'envoyer au-delà des mers un garçon qui a longtemps souffert d'épilepsie ? Mais Pie VII, par lettre, la rassure : il n'arrivera rien de grave à son fils.

Le pape a vu juste : l'abbé Mastai reviendra sain et sauf de ce périple. Mais il va connaître bien des périls au cours de cette expédition qui lui fait d'abord traverser l'Atlantique sur la goélette l'*Héloïse*. À Palma de Majorque, où l'équipage fait escale, les nouvelles autorités espagnoles – des libéraux aux ordres des Cortès – jettent ce suppôt présumé du roi de France en prison ! Il sera libéré quand l'armée française rétablira le roi Ferdinand VII sur son trône, à l'issue de la bataille du Trocadero en 1823.

> C'est alors, dira plus tard Pie IX, que j'ai compris la nécessité de l'indépendance du pape !

Pendant les deux ans qu'il passera à visiter les missions au Chili, au Pérou et en Colombie, le futur pape manquera mourir de faim en traversant la Cordillère des Andes, il essuiera une violente tempête au large de Valparaíso, il sera même rançonné par des pirates ! Difficile d'imaginer un apprentissage plus riche ! Quand il rentre enfin à Rome, en 1825, le jeune Mastai est un prêtre confirmé, un voyageur expérimenté et un administrateur aguerri…

Tout juste nommé prélat, on lui confie la présidence de l'hospice San Michele, un des plus grands asiles de Rome, qui héberge vieillards et infirmes, femmes de mauvaise vie, jeunes filles en détresse, et qui est aussi, depuis sa fondation, une école d'artisans et de beaux-arts : l'abbé Mastai s'y montre bon gestionnaire, au point que Léon XII lui confie très vite l'archevêché de Spolète. Et tant pis si le nouveau promu n'a que trente-cinq ans !

C'est là, à Spolète, en mars 1831, que se situe une anecdote particulièrement romanesque rapportée par un des biographes de Pie IX. Un jour, un jeune Français frappe à la porte de l'archevêché. Il a vingt-trois ans, il porte une petite moustache. C'est un activiste en fuite, un de ces révolutionnaires romantiques engagés au côté des patriotes italiens dans le combat insurrectionnel en Romagne. Il a failli se faire prendre lors d'un coup d'éclat dans une ville voisine. Des soldats autrichiens le traquent. Son frère aîné, insurgé comme lui, vient de succomber, sans gloire, à une forte rougeole. À l'évêque qui lui ouvre son logis et qui va lui donner de faux papiers pour qu'il rejoigne son pays, le fugitif dit son nom : Louis Napoléon, fils de la reine Hortense, la belle-fille de feu l'empereur Napoléon, qui vit alors entre la Suisse et la France. Informé, le pape Grégoire XVI aurait clairement réprimandé son évêque pour avoir porté secours à un ennemi de l'Église. Mais le pape lui-même peut-il imaginer que le futur Pie IX vient de sauver la vie du futur Napoléon III ?

Mgr Mastai Ferretti est muté à Imola, au sud de Bologne. Non sans émotion, il s'installe dans l'appartement qu'occupa naguère Mgr Chiaramonti, futur Pie VII. Il laissera dans cette ville le souvenir d'un homme simple et généreux, que ses diocésains fêteront sincèrement quand il sera proclamé cardinal, en 1840. À quarante-huit ans. Et six années avant la disparition de Grégoire XVI.

« Qui entre pape au conclave… »

Rome, dimanche 14 juin 1846. Sur les soixante-dix cardinaux qui composent le Sacré Collège, cinquante-quatre se retrouvent en conclave à la chapelle du palais du Quirinal pour désigner un successeur à Grégoire XVI, décédé le 1er juin. À nouveau les Romains se passionnent, les langues vont bon train, on échange les derniers pronostics sur les différents *papabili.* Le grand favori, c'est le cardinal Luigi Lambruschini, soixante-dix ans, qui fut pendant dix ans le secrétaire d'État du pape défunt. C'est une forte personnalité, mais c'est aussi un farouche partisan de l'absolutisme, réactionnaire convaincu, aux idées antilibérales et antimodernes : c'est lui, par exemple, qui s'est opposé à l'introduction du chemin de fer, invention diabolique, dans les États pontificaux ! Il a pour principal concurrent le cardinal Tommaso Pasquale Gizzi, cinquante-neuf ans, candidat présumé des réformistes.

Qui entre pape au conclave en sort cardinal...

Rarement cette vieille maxime vaticane aura été plus juste. Du conclave, Lambruschini et Gizzi ressortiront cardinaux. Et l'inattendu cardinal Mastai Ferretti, cinquante-quatre ans, un des plus jeunes membres du Sacré Collège, en sortira pape. C'est le cardinal-prince Louis Altieri, quarante et un ans, benjamin de l'assemblée, qui a proposé la candidature de l'archevêque d'Imola. Le premier vote accorde 13 voix à Mastai, contre 15 à Lambruschini. Puis la tendance s'inverse. Le mardi 16 au matin, lors du troisième scrutin, 27 suffrages se portent sur Mastai. Les cardinaux, renonçant à élire le chef d'un clan contre un autre, se tournent un à un vers ce prélat peu connu, au physique rassurant, et, surtout, peu engagé dans les batailles internes de la curie romaine.

Certes, Mastai a une réputation de libéral ; Grégoire XVI l'avait même brocardé pour cela, un jour, en disant que « chez le cardinal Mastai, même les chats sont libéraux » ! Mais c'est un libéral modéré. Dans le contexte européen de l'heure, alors que grondent insurrections et révoltes, n'est-il pas bienvenu d'élire un pape un peu plus sensible au monde moderne, qui ne soit pas totalement fermé à ses contemporains ?

Lors de l'ouverture du conclave, le tirage au sort a désigné le cardinal Mastai comme un des « scrutateurs » chargés du dépouillement, et c'est lui, justement, après le quatrième vote, qui lit à haute voix les bulletins sortis de l'urne :

Mastai… Mastai… Mastai…

Une colombe en présage

À la dix-septième citation de son nom, les yeux du cardinal Mastai s'embuent. Il est au bord des larmes. Ses mains tremblent. Il demande à s'asseoir. On lui apporte un verre d'eau. Il se rappelle qu'à mi-chemin entre Imola et Rome, trois jours plus tôt, son équipage s'était arrêté dans un village des Marches et qu'une colombe blanche s'était posée sur la voiture, sans vouloir repartir, immobile malgré les claquements de fouet, le hennissement des chevaux et les cris du postillon. La foule d'abord amusée, puis fascinée, y avait vu un présage :

Evviva ! Evviva ! Voilà le pape !

Lui-même n'y avait pas attaché d'importance. Maintenant, il repense à cette scène, tandis qu'il retourne à la tribune pour achever la lecture des bulletins de vote :

Mastai… Mastai…

À la trente-sixième fois, les jeux sont faits : la barre des deux tiers des voix est atteinte. Les cardinaux se lèvent et applaudissent, unanimes. Le résultat des urnes est ainsi confirmé « par acclamation ». Mastai Ferretti tombe à genoux, tête baissée, tandis que le vice-doyen du Sacré Collège lui pose la question rituelle :

Acceptes-tu ton élection?
– Je me soumets à la volonté du Ciel, j'accepte!
– Comment veux-tu t'appeler?
– Je prends le nom de Pie IX.

Le nouveau pape se situe ainsi, ostensiblement, dans la lignée des deux derniers papes martyrs, Pie VI et Pie VII.

C'est à ce moment qu'arrive en voiture un retardataire: le cardinal Gaisruck, archevêque de Milan et porte-parole officieux de l'empereur d'Autriche. Il ne s'attendait nullement à ce que le conclave soit si rapide. Or, il est porteur du veto de la cour de Vienne concernant Mastai Ferretti, considéré, là-bas, comme trop libéral. Trop tard! La tradition est formelle: dès lors qu'un cardinal a obtenu les deux tiers des voix, son élection est acquise et plus personne, fût-il empereur, ne peut s'y opposer.

Quand le cardinal Riario Sforza, archevêque de Naples, depuis le balcon du Quirinal, annonce à la foule le nom de l'élu, un silence se fait: qui est ce « Mastai Ferretti »? Puis le nouveau pape s'avance, haute stature et visage volontaire. Il lève son bras pour bénir l'assistance, qui s'agenouille comme un seul homme. Le pontife paraît jeune, il semble assuré dans son geste. De loin, on ne voit pas qu'il est très pâle.

Après la grand-messe du couronnement, qui se déroule quatre jours plus tard dans la basilique Saint-Pierre, Pie IX réunit une dernière fois le collège des cardinaux. Il leur soumet son idée d'annoncer une amnistie générale pour tous les prisonniers politiques détenus dans les États du pape ou exilés de force à l'étranger. Relâcher les ennemis de l'Église, les révolutionnaires, les *carbonari*, les nationalistes, les terroristes? Plusieurs éminences ne cachent pas leur désapprobation. Pie IX insiste: ce sont souvent des jeunes gens exaltés et sans expérience, et s'ils se repentent sincèrement, cela fera autant d'ennemis en moins! Pie IX propose aux cardinaux de passer au vote, au moyen des traditionnelles boules blanches (pour) ou noires (contre). Mauvaise surprise pour le pape : la majorité des boules est noire. Alors le nouveau pontife retire sa calotte blanche et la pose sur les boules noires en disant, avec un large sourire :

> Maintenant, elles sont blanches !

Le 17 juillet, une affichette divisée en deux colonnes est apposée aux principaux carrefours de la ville. C'est la liste des amnistiés. Comme la nuit tombe, on la déchiffre à peine. Mais la nouvelle se diffuse bientôt dans tous les quartiers de Rome, et provoque un rassemblement populaire de vingt mille personnes venues manifester aux flambeaux devant le Quirinal :

> Merci, Très Saint Père ! Ton peuple te rendra grâces !

Cette amnistie, qui touche mille six cents patriotes, militants ou conspirateurs plus ou moins repentis, va rendre Pie IX extrêmement populaire. Mais elle va aussi remettre dans le circuit nombre de partisans de l'Italie unifiée que la reconnaissance n'empêchera pas, plus tard, de combattre le pape-roi avec autant d'acharnement que d'ingratitude.

Le temps des réformes

Sans perdre de temps, Pie IX nomme Lambruschini à la tête de la Bibliothèque vaticane et fait de Gizzi son secrétaire d'État. Flanqué du jeune cardinal Antonelli (aux finances) et de son ami Riario Sforza (à l'industrie et au commerce), Gizzi va entreprendre des réformes spectaculaires : il assouplit sensiblement la censure des journaux, développe l'instruction publique, entreprend la construction de voies ferrées, fait des coupes claires dans le budget de l'État. Le tout, bien sûr, avec les encouragements de Pie IX.

Certains gestes du pape séduisent les journaux de l'époque et font le tour du pays. Ainsi, lorsque Pie IX renonce à tel ou tel cérémonial qui caractérisait la vie quotidienne de ses prédécesseurs : voilà que ce pape-là, quand il a soif, au lieu de mobiliser une dizaine de serviteurs, se contente de prendre une orange et de l'ouvrir avec un couteau ! De même quand il prévient ses neveux qu'ils ne devront pas compter sur ses largesses. Quand il revend cinquante chevaux sur les quatre-vingts qui composaient l'écurie pontificale. Ou quand il exprime cette recommandation à son majordome :

> Quand j'étais évêque, je dépensais un écu par jour. Lorsque je fus cardinal, je dépensais un écu et demi. Maintenant que je suis pape, je vous demande de ne pas dépasser deux écus !

Au début de l'été 1847, le cardinal Gizzi, épuisé, tombe malade – il mourra prématurément deux ans plus tard. Pie IX le remplace par le cardinal Ferretti, cinquante-deux ans, qui poursuit l'œuvre de réformes : il remet en place une « garde civique » chargée de la défense de la ville ; il assouplit le statut des Juifs du ghetto de Rome ; il réorganise la municipalité de la Ville éternelle, composée d'une centaine de membres ; il crée un « Conseil d'État » représentant l'ensemble des territoires pontificaux. Dans l'Église elle-même, Pie IX se dépense beaucoup pour remettre de l'ordre dans les couvents et de la discipline dans les paroisses : moines et prêtres ne brillent pas toujours, à l'époque, pour leur grande piété et leur bonne tenue…

L'enjeu de ces mesures, c'est de forger une image positive du nouveau pape, tant auprès du petit peuple de Rome qu'auprès des grands d'Europe. Le premier multipliera les tapageuses manifestations de soutien dans les quartiers de Rome et les bénédictions aux lampions, le soir, devant le balcon du Quirinal. Les seconds se disputeront l'honneur de faire baptiser leurs enfants par le souverain pontife, comme le roi Victor-Emmanuel de Savoie ou le nouvel empereur Napoléon III. De M. Thiers à la tribune de la Chambre, à Paris, jusqu'au nationaliste italien Giuseppe Mazzini dans une célèbre lettre ouverte, tous scandent :

> Soyez confiant, Saint Père !

Mais cette unanimité est trompeuse. Les militants du mouvement Jeune-Italie, dirigé par Mazzini, ont vite oublié l'amnistie papale dont ils ont bénéficié. La population de Rome, versatile, n'est pas insensible aux mots d'ordre d'unité nationale italienne. Et les grandes puissances européennes, notamment la France et l'Autriche, continuent de considérer le Saint-Siège comme un pion dans leurs manœuvres guerrières – les Autrichiens occupent ainsi Ferrare pendant quelques mois, avant de rendre la place.

Le printemps des peuples

Février 1848. Le « printemps des peuples » fait souffler à travers toute l'Europe un vent de réformes radicales. Des constitutions sont décrétées à Naples, Turin, Florence. Des barricades s'érigent à Berlin, Vienne, Milan. La IIe République est proclamée à Paris, où des « arbres de la liberté » sont plantés aux carrefours de la capitale française.

À Rome, les manifestations nationalistes sont quotidiennes. Bannissant les couleurs pontificales (jaune et blanc), les trois couleurs de la Jeune-Italie (vert, blanc, rouge) flottent dans les rues où des foules scandent des slogans nationalistes et hostiles aux Jésuites. La grande église du Gesù, siège de la Compagnie, est l'objet de plusieurs attaques fomentées par des militants armés de haches et de poix brûlante aux accents ironiques d'un *De profundis* gouailleur !

Les responsables jésuites décident aussitôt de se disperser ; la plupart quittent la ville. Le secrétaire d'État Ferretti démissionne. Il est remplacé par le cardinal Antonelli, quarante-deux ans, fils de bûcheron. Personnalité énergique, esprit souple, celui-ci fait entrer au gouvernement de l'État pontifical quelques nationalistes modérés – Minghetti, Sturbinetti, Galetti – qui fréquentent les clubs où la révolution se mitonne. Le 30 mars, Pie IX fait publier un *Statut fondamental* qui réforme en profondeur le gouvernement du siège apostolique.

Ces démonstrations tardives, ces reculs successifs sont vains. L'heure est à l'engagement militaire. Mais contrairement à ce que font croire les partisans de l'Italie unifiée, le pape est loin de bénir leurs farouches campagnes contre l'occupant autrichien. Le 29 avril 1848, à l'occasion d'un consistoire secret, Pie IX met les choses au point : il « ne peut empêcher ses sujets de se laisser emporter par leur amour de la nationalité italienne », dit-il, mais qu'on l'entende bien, « il ne déclarera pas la guerre à l'Autriche » !

> Je ne suis ni un conquérant ni un exterminateur !, déclare-t-il aux délégués d'une foule aux accents guerriers réunie sous les fenêtres du Quirinal.

C'en est trop pour les milliers de patriotes en armes, désireux d'en découdre. Certains de leurs porte-parole mettent, eux aussi, les choses au clair :

> Pour sauver la révolution, il faut tuer tous les prêtres !

Le malentendu est total. Antonelli démissionne. Le pape fait appel au comte Terenzio Mamiani, un nationaliste modéré, pour former un ministère civil – à la condition qu'un cardinal y soit chargé, c'est bien le moins, des affaires ecclésiastiques. Mais à peine constitué, au grand dam du pape, le cabinet vote la déclaration de guerre à l'Autriche ! Mamiani résigne ses fonctions au bout de cinq semaines. Edoardo Fabbri, qui le remplace, ne dure pas davantage. Pie IX nomme alors le comte Pellegrino Rossi, comme on joue sa dernière carte. Rossi, qui fut proche des *carbonari*, soutient l'idée d'une confédération italienne dont le pape, à la tête des États pontificaux, pourrait être le monarque. Mais comment poursuivre ce but sans faire la guerre à l'Autriche ? La réponse est brutale : le 15 novembre, Rossi est assassiné en entrant au Parlement, égorgé par un nationaliste en manteau sombre, armé d'un poignard.

Jamais n'est apparue aussi clairement l'impossibilité, pour un pape, d'être à la fois un chef spirituel et un monarque temporel. En tant que chef de l'Église universelle, il doit rester neutre. En tant que chef de l'État pontifical, il ne le peut. La contradiction est flagrante.

Elle est aussi dramatique. Le 17 novembre, privé de toute protection, le pape est assiégé au Quirinal. Les plus modérés des manifestants exigent « un ministre démocrate, une Constituante italienne et la guerre à l'Autriche » ! Les autres, sans détour, veulent chasser le pape de Rome. Pie IX a convoqué en catastrophe les ambassadeurs des pays amis – dont le représentant français, le duc d'Harcourt – qui se demandent, massés dans l'antichambre, comment tout cela va finir : déjà les insurgés tentent de mettre le feu à l'une des portes du palais à grands cris :

> Aux armes ! Vive la République ! Mort aux curés !

Des tirs retentissent. Des balles sifflent. Un prélat, le cardinal Palma, s'effondre, touché par un projectile. Poussé à bout, Pie IX cède à la nomination d'un gouvernement provisoire qu'il ne contrôle pas. Aux ambassadeurs, il clame :

> Messieurs, je suis ici prisonnier. Que l'Europe sache par vous que je ne prends désormais aucune part au gouvernement !

Pie IX est piégé et impuissant. Pourra-t-il éviter que les nouveaux dirigeants de Rome se réclament de lui ? Certainement pas. Doit-il quitter Rome pour préserver, au moins symboliquement, son autonomie ? Mais pour aller où ? Et d'ailleurs, ses gardiens, membres de la milice civique, qui ont remplacé les gardes suisses, le laisseront-ils quitter le palais ?

Il y a encore un pape, certes, mais il faut bien admettre, à nouveau, qu'il n'y a plus de papauté.

La fuite à Gaète

Dans la soirée du 22 novembre, un coursier frappe à la porte du Quirinal. Il est porteur d'un paquet adressé par le vieil évêque de Valence, en Dauphiné. Le saint homme lui envoie la petite boîte appelée « pyxide » que feu le pape Pie VI gardait toujours accrochée à son cou et qui contenait une hostie consacrée. Il n'a jamais quitté ce pendentif pendant son exil. Ce présent inattendu est-il un signe de la Providence ? Ébranlé par cette coïncidence, Pie IX balaie ses dernières réticences : il doit partir, lui aussi, en exil. Mais comment échapper à ses gardes-chiourmes ?

Dans la soirée du 24, l'ambassadeur de France s'en vient au Quirinal en grand équipage, précédé de coureurs et de torches. Le duc d'Harcourt est introduit dans le bureau du pape, gardé par un geôlier qui entend le Français hausser le ton et tenir au pape des propos véhéments. Il ne peut pas imaginer que, pendant que le diplomate prononce cette longue tirade enflammée, le pape a enfilé une soutane noire, chaussé de grosses lunettes, jeté un large manteau sur ses épaules et filé par une porte dérobée, accompagné d'un domestique qui le conduit jusqu'à la place des Quatre-Fontaines où stationne, dans l'ombre, une voiture. La berline appartient à l'ambassadeur de Bavière, le comte de Spaur, qui fait monter son auguste passager à la barbe des carabiniers et l'emmène aussitôt, au grand galop, sur la route d'Albano.

Au palais, le débit de l'ambassadeur de France est devenu moins fort et moins bruyant. Quand le diplomate sort du bureau du pape auquel il fait mine de souhaiter bonne nuit avant de repartir par l'entrée principale, salué par les soldats de la garde civique, Pie IX est déjà loin. Dans la vallée d'Arricia, la comtesse de Spaur est là, qui attend son mari et son hôte avec un équipage de quatre chevaux. Les deux hommes, dans cette nouvelle voiture, prennent aussitôt la route de Terracine et s'enfoncent dans la nuit italienne. Pie IX sert contre sa poitrine son petit reliquaire portatif : un demi-siècle après Pie VI, voilà que lui aussi, sans savoir ce qui l'attend, quitte Rome en catimini !

Le lendemain matin, alors que le jour se lève, les étranges voyageurs arrivent à Gaète, une ville fortifiée au bord de la mer, appartenant au royaume de Naples. Au palais épiscopal, ils tombent sur un domestique qui, en l'absence de l'évêque, refuse de les faire entrer ! Le pape doit trouver refuge dans un estaminet voisin, l'*Auberge du Jardinet*. Ferdinand II, le très catholique roi des Deux-Siciles, est prévenu le soir même. De Naples, il se précipite avec toute sa famille à Gaète où, le lendemain, il s'agenouille devant Pie IX : le chef de l'Église est dépouillé de tout, presque seul, un bâton à la main, souriant sous son tricorne noir.

Un par un, les cardinaux rejoignent le pape à Gaète, où se reconstitue, tant bien que mal, la cour papale. Très vite, les grandes puissances catholiques européennes (Autriche, France, Espagne, Portugal, Bavière) et non catholiques (Angleterre, Prusse, Russie) ordonnent à leurs ambassadeurs de s'installer à Gaète. La riposte s'organise. À Rome, Mazzini publie un décret annonçant que « le pape est déchu en fait et en droit ». Mais à Gaète, les ambassadeurs reconnaissent officiellement la commission de trois cardinaux désignée par le pape pour gouverner, même fictivement, les États pontificaux. La rupture entre le pape en exil et la nouvelle « République romaine » est totale.

Il faudra deux mois pour coordonner la contre-attaque. Le 30 mars, une conférence diplomatique se tient à Gaète, qui distribue les rôles : l'armée autrichienne, emmenée par le général Radetzky, attaquera la Romagne ; le roi de Naples se chargera du Sud ; un corps expéditionnaire espagnol viendra en renfort ; la France, qui revendique son privilège de « fille aînée de l'Église », aura l'insigne honneur d'investir la ville de Rome. Dès le 25 avril, le général Oudinot débarque à Civitavecchia avec une armée de sept mille soldats…

Le double jeu de la France

Il faudra plus d'un mois aux Français pour reconquérir la Ville éternelle. D'abord parce que le pape a exigé d'eux qu'ils fassent le moins de victimes possible et que le choc avec les troupes républicaines est plus violent que prévu : le 30 avril, Oudinot bat même en retraite devant les canons de Garibaldi. Ensuite parce que le gouvernement du prince Louis Napoléon

Bonaparte, à l'approche des élections présidentielles, tente de concilier cette reconquête militaire – applaudie par la majorité des électeurs français – avec quelques gestes d'amitié en direction des républicains italiens. Après tout, la France n'est-elle pas, elle aussi, une république ?

Cette politique du double jeu, justifiée officiellement par le souci de barrer la route à l'Autriche, est incarnée par le vicomte Ferdinand de Lesseps, envoyé comme ambassadeur plénipotentiaire auprès de Mazzini. Mais l'infortuné diplomate sera finalement désavoué par Louis Napoléon, devenu entre-temps président de la République française grâce, notamment, aux électeurs catholiques. Oudinot, à la tête de douze mille hommes, entre à Rome le 3 juillet. Garibaldi est en fuite, Mazzini a démissionné. La victoire des Français est totale.

Mais voici que le futur Napoléon III rappelle Oudinot et pose de nouvelles conditions au pape – exprimées dans une lettre du 18 août à l'un de ses officiers – concernant la sécularisation totale des États pontificaux, l'application du Code Napoléon et la mise en place d'un gouvernement libéral à Rome ! Il faudra que Pie IX menace de transférer le siège de l'Église universelle en Autriche pour que le velléitaire « prince-président » renonce à ses exigences. Et que la route de la papauté soit enfin libre…

Pie IX rentre à Rome le 12 avril 1850, non sans avoir béni avec chaleur son protecteur, Ferdinand II, qui l'a accompagné jusqu'à la frontière, à Portello, sur la route de Terracine. La fin du voyage se transforme en marche triomphale. Frosinone, Sezzo, Valmontone, Gouzano : l'enthousiasme de la foule croît de village en village. Le pape est heureux de revenir à Rome, mais il sait que l'Histoire est facétieuse. Il a déjà éprouvé ces scènes de liesse dont il connaît la précarité, la foule qui s'amasse sur son passage, le bruit du canon, les cloches qui sonnent, la foule encore, qui crie :

Evviva ! Vive le pape !

Le peuple de Rome pleure de joie, ce jour-là, en voyant le Saint-Père se recueillir à Saint-Jean-de-Latran, puis se diriger vers la basilique Saint-Pierre dans un grand carrosse rouge et or, escorté de gardes suisses, tiré par six chevaux noirs couverts de harnais dorés. Le cortège, encadré de chasseurs et de gendarmes français, est interminable. Sur le trajet où la foule se presse, tandis que sonnent les cloches des églises voisines, croisées et balcons sont ornés de draperies et de guirlandes de fleurs. À 16 heures, le canon de l'église Sainte-Croix-de-Jérusalem annonce que l'exil du pape a officiellement cessé. Celui-ci préside alors une cérémonie d'action de grâces dans Saint-Pierre de Rome pleine comme un œuf.

Les Romains sont rassurés en voyant le souverain pontife faire preuve de générosité et de souplesse. Pie IX confirme solennellement le cardinal Antonelli dans sa fonction de secrétaire d'État, décrète une amnistie partielle, publie une nouvelle « indulgence », et répète à plusieurs reprises :

Je reviens comme un pasteur, pas comme un vengeur !

Une contradiction mortelle

Pie IX est sincère. Confiant dans les capacités gestionnaires d'Antonelli, il a bien l'intention, pour sa part, de consacrer son temps aux affaires spirituelles, notamment à sa grande affaire, annoncée par une encyclique publiée depuis Gaète : le dogme de l'Immaculée Conception. C'est le 8 décembre 1854 qu'au cours d'une messe pontificale grandiose à Saint-Pierre de Rome, en présence de deux cents évêques et d'une foule innombrable, il prononce de sa voix grave, sonore, majestueuse, la proclamation du dogme selon lequel la Vierge Marie a été « conçue sans péché » pour accueillir en son sein le fils que Dieu a envoyé aux hommes.

Dans les premiers rangs de l'assistance, une vieille connaissance : Nicholas Wiseman, revenu tout exprès de Londres. L'ancien étudiant britannique est devenu archevêque métropolitain de Westminster, siège de l'Église catholique d'Angleterre. Il a cinquante-deux ans. Il est cardinal. Il poursuit son vieux rêve d'une conversion de l'Angleterre au catholicisme. Mais sa vénération pour le pape et la papauté lui vaut de se heurter, en cette terre anglicane fort peu papiste, à de rudes oppositions…

À Rome, il retrouve une situation aussi tendue qu'à l'époque de ses études, le sort de Pie IX étant suspendu, plus encore que ne l'avait été celui de Pie VII, à la bienveillance des grandes puissances catholiques. La différence, paradoxale, c'est l'étonnant dynamisme dont fait preuve à présent l'Église universelle, tant sur le vieux continent qu'au-delà des mers : nouvelles congrégations, bouillonnement intellectuel, essor missionnaire, etc. Qu'il paraît loin, le temps où l'on proclamait la fin de la papauté !

Mais la papauté, précisément, ne parvient pas à sortir des contradictions où l'Histoire l'a enfermée : plus les nations européennes l'emportent sur les absolutismes d'antan, plus la situation du pape en ses États devient insoutenable ; plus l'idée d'une Italie unie progresse, plus elle implique la fin du pouvoir temporel du pape ; et plus le pape défend cette assise temporelle nécessaire à son indépendance, plus il est le jouet des princes qui le soutiennent militairement.

Un jour, à un diplomate qui l'entretient des politiques des grandes puissances européennes, le pape confie qu'il a, lui aussi, une politique, et qu'elle s'exprime simplement :

Pater noster, qui es in caelis,
sanctificetur nomen tuum,
adveniat regnum tuum...

Le pape fait de la résistance

On comprend que Pie IX, ballotté par les vicissitudes révolutionnaires, libérales ou nationalistes ait évolué, personnellement, vers le camp de la réaction. La guerre du Piémont, avec son lot de couvents dévastés, d'églises spoliées, de jésuites expulsés, de prêtres jetés en prison, l'aurait plutôt conforté dans l'idée qu'un pape, dût-il en mourir, comme Pie VI, doit défendre l'héritage de l'Église face aux bouleversements chaotiques d'un monde devenu déraisonnable.

Sur le plan politique, afin d'assurer son indépendance, Pie IX monte sa propre armée, qu'il confie au général français Louis de Lamoricière, et qu'il finance par la mise en place du *denier de Saint-Pierre*, une grande quête qui rapporte des sommes considérables. Mais ces bataillons de zouaves pontificaux, s'ils parviennent à disperser les Chemises rouges de Garibaldi lors de la célèbre bataille de Mentana en 1867, ne résisteront pas aux vagues guerrières qui opposent l'Autriche, la Prusse, le Piémont et la France.

Sur le plan idéologique, Pie IX rejette violemment et condamne solennellement les idées subversives de ce siècle – libéralisme, matérialisme, modernisme, socialisme, rationalisme – en publiant le 8 décembre 1864 l'encyclique *Quanta cura*, ainsi qu'un texte officiel, le *Syllabus*, qui décline les quatre-vingts idées à la mode dûment réprouvées par l'Église. De Charles Darwin à Ernest Renan, du suffrage universel à la liberté de la presse, de l'école laïque à la liberté religieuse, c'est tout le monde moderne que Pie IX rassemble dans un terrifiant opprobre dont les catholiques auront beaucoup de mal, par la suite, à se démarquer.

Sur le plan religieux, enfin, il multiplie les occasions de montrer la magnificence de l'Église qui trouve dans l'épreuve un enthousiasme inattendu : cérémonies grandioses, fêtes religieuses, canonisations en grande pompe, anniversaires et jubilés divers, qui réunissent à Rome, à chaque fois, des centaines d'évêques et des centaines de milliers de pèlerins venus de toute l'Europe. Mais surtout Pie IX cède à l'idée de conforter le pouvoir papal par le dogme de l'*infaillibilité pontificale*, qu'il décide de proclamer de la façon la plus solennelle qui soit : par un concile œcuménique.

Le concile du Vatican

Rome, le 8 décembre 1869. Le concile du Vatican s'ouvre le jour de la fête de l'Immaculée Conception. Imaginé par Pie IX en 1864, annoncé en 1867, convoqué par la bulle *Aeterni Patris* du 29 juin 1868, il est la plus haute assemblée que l'Église puisse réunir. Dans l'histoire du christianisme, le concile « du Vatican » est le vingtième. Le dernier en date, dit « de Trente », remonte aux années 1545-1563. Il répondait aux coups de boutoir portés contre l'Église par Luther et la Réforme protestante. Le concile du Vatican, lui, répond à une interrogation fondamentale, existentielle, sur le rôle du pape dans le monde moderne et sur les erreurs du temps.

Procession, cantiques, litanies, encens : la cérémonie d'ouverture, à Saint-Pierre, est magnifique. Elle rassemble sept cent soixante-sept évêques – un record historique – et un nombre aussi impressionnant de patriarches, archevêques et autres dignitaires de l'Église. Les orthodoxes « schismatiques » et les protestants « hérétiques » ont été conviés à assister à ce moment unique, mais les uns et les autres ont décliné l'invitation. Il faut dire que le thème principal de ce Concile n'est pas pour amadouer les représentants des autres confessions chrétiennes : l'infaillibilité du pape, plus encore que sa primauté, est évidemment niée par les protestants et les orthodoxes.

Le nouveau dogme est d'ailleurs contesté par beaucoup de catholiques. En France, par exemple, où le gallicanisme invite à conférer autant de pouvoir aux évêques qu'au pape, lequel n'est jamais que l'évêque de Rome. Nombre de prélats français, comme Mgr Mathieu (Besançon), Mgr Dupanloup (Orléans) ou Mgr Darbois (Paris), font partie de la minorité clairement hostile à l'infaillibilité papale. En Bavière, où l'on oppose l'infaillibilité du pape et celle des conciles, la contestation s'organise autour de Mgr von Döllinger, évêque de Mayence, et donnera lieu au schisme des vieux-catholiques.

Contrairement au scepticisme de certains observateurs, les « pères » conciliaires ont de vrais échanges, les débats sont souvent vifs, parfois tumultueux, et intéressent bien au-delà des cercles romains. Dans toute l'Europe, les journaux s'emparent du sujet, et fourmillent de révélations plus ou moins fondées, certains évêques n'hésitant pas à violer la règle du secret en laissant filer des indiscrétions aux journalistes. Ceux-ci sont accusés – déjà – de trop simplifier les échanges, de trop personnaliser les débats, de caricaturer le clivage entre les conservateurs et les réformateurs.

Au début du Concile, les commentaires tournent à la confusion. Puis le vote de la constitution dogmatique *Dei filius*, adoptée à l'unanimité le 24 avril 1870, incite à la prudence les observateurs friands de bagarres et de polémiques internes. Pie IX lui-même exprime ce postulat qui reviendra, un siècle plus tard, dans les commentaires du concile Vatican II :

> Dans un concile, il y a trois périodes : la période du diable, qui est courte ; la période de l'homme, qui est plus ou moins longue ; et la période du Saint-Esprit, qui a le dernier mot et qui termine magnifiquement !

Le Concile interrompu

La discussion sur le schéma *De romano pontifice*, comprenant l'infaillibilité pontificale, est agitée. On y entendra quatre-vingts évêques, au début très divisés. Et puis, le 13 juin 1870, après un appel nominal, le schéma est adopté. Sur 604 votants, on compte 451 « *placet* » (oui), 88 « *non placet* » (non), 62 « *placet juxta modum* » (oui, sous réserve d'amendement). Pie IX lui-même n'est pas totalement convaincu. Il hésite à ratifier ce résultat. Dans les travées de Saint-Pierre, nombre d'évêques considèrent que l'institution de ce dogme n'est qu'une première étape dans la discussion conciliaire.

Mais le 14 juillet, la France annonce qu'elle va déclarer la guerre à la Prusse. Il est probable que le Concile n'ira pas à son terme. Il faut se dépêcher de proclamer, au moins, ce qui a été décidé. Le 18 juillet, à l'issue d'une cérémonie somptueuse à Saint-Pierre, Pie IX promulgue la constitution *Pastor aeternus*. Cardinaux et patriarches, par ordre d'ancienneté, puis l'ensemble des évêques présents, répondent à l'appel de leur nom par « *placet* » ou « *non placet* ». Les pères conciliaires hostiles à la réforme ayant préféré ne pas prendre part au vote, le texte est officiellement adopté par 535 voix contre 2 avant d'être proclamé par le pape. Son court propos, tenu depuis le trône pontifical, debout, mitre sur la tête, est très vite interrompu par les cris de la foule :

> Vive Pie IX ! Vive le pape infaillible !

À la fin de la cérémonie, un *Te Deum* lancé par le souverain pontife se mêle au fracas d'un violent orage qui s'abat sur le Vatican. Cette tempête est-elle un signe de la Providence ? Le lendemain, la guerre est officiellement déclarée entre la France et la Prusse. Le 4 août, les cinq mille soldats français qui restaient chargés de la protection de Rome embarquent à Civitavecchia et se dirigent vers le nord, où les combats ont commencé. Ce jour-là, précisément, quarante mille Prussiens écrasent dix mille Français à Wissembourg. Le 6, les Français essuient une nouvelle défaite à Frœschwiller. Le 2 septembre, à Sedan, l'empereur capitule. Le surlendemain, il abdique. La guerre est terminée. La France est vaincue.

Le roi Victor-Emmanuel de Savoie précipite alors les choses. Il annonce qu'il s'estime désormais responsable de la sécurité publique dans toute l'Italie, y compris à Rome, et qu'il va donc investir la ville. Il précise qu'il prend « la responsabilité du maintien de l'ordre dans la péninsule et de la sauvegarde du Saint-Siège », auquel il donnera « les garanties nécessaires à son indépendance spirituelle ». Au comte Ponza Di San Martino, l'émissaire venu l'informer des intentions du roi, Pie IX pose la question clef, sans illusion :

> Et qui me garantira ces garanties ?

Le pape sait que sa demande est symbolique. Déjà soixante mille soldats piémontais pénètrent dans ses États par Acquapendente au nord, Orte et Correse à l'est, Ceprano au sud. Il sait que personne, cette fois, ne volera à son secours. L'État pontifical, ou ce qu'il en reste, sera bientôt rayé de la carte…

Prisonnier au Vatican

Le monde me dispute ce grain de sable sur lequel je suis assis, mais ses efforts seront vains. La terre est à moi, Jésus-Christ me l'a donnée, à lui seul je la rendrai, et jamais le monde ne pourra me l'arracher !

Pie IX

Palais du Vatican, 20 septembre 1870. À 5 heures du matin, les premiers coups de canon résonnent dans toute la ville. Le pape Pie IX avait demandé à être réveillé au début de l'attaque, annoncée pour ce matin, mais il est déjà debout. Il a mal dormi. Plusieurs cardinaux, un grand nombre de prélats, quelques nobles romains le rejoignent bientôt dans ses appartements. Plusieurs ambassadeurs étrangers arrivent à leur tour. Tous vont assister à la messe que le Saint-Père dit, comme tous les matins, à 7 heures et demie. Au cours de la liturgie, répons et versets sont parfois couverts par le son sourd du canon et les crépitements des tirs d'artillerie.

La tension est palpable. Tous les présents savent que soixante mille soldats italiens se sont massés sous les murs de Rome, armés de pied en cap, devant cinq objectifs : la porte San Giovanni, la porte San Sebastiano, la porte Majeure, le Trastevere et la porte Pia, connue pour être un point faible dans la défense de la ville. Ils sont commandés par le général Cadorna, un ancien chanoine de Milan passé dans le camp adverse. En face, le général Kanzler a rassemblé environ dix mille pontificaux, prêts à livrer un combat inégal. Pie IX a donné à Kanzler l'ordre écrit de résister « pour ne pas céder à la violence », mais de se rendre « dès que la brèche sera ouverte », pour éviter « une grande effusion de sang ».

Dans l'après-midi, en sortant du Latran, le pape est allé gravir, à genoux, les marches de la Scala Sancta, cet escalier dont les marches de pierre sont celles-là mêmes que Jésus gravit, à Jérusalem, quand il fut convoqué par Pilate :

> Pitié, mon Dieu, et, quoi qu'il arrive, que Votre sainte volonté soit faite !

Le pape a béni alors la foule qui l'avait suivi, ainsi que les soldats présents, massés devant la basilique du Latran. Beaucoup d'entre eux pleuraient :

> *Via Pio nono !* Défendez-vous, Très Saint Père ! Courage !

Très ému, Pie IX est monté dans sa voiture et s'est rendu au Vatican. Il ne devait plus jamais revenir en ville.

La capitulation de Rome

Un peu avant 9 heures, alors que les canons tonnent de plus belle, le pape reçoit dans son bureau les dix-sept diplomates présents, émus par la gravité attristée de leur hôte. Quand le fracas se rapproche, le regard du pape se détourne vers la fenêtre qui donne sur la place Saint-Pierre. À l'horizon des toits de Rome, quelques fumées signalent les incendies provoqués par des obus meurtriers. Aux diplomates, le pape souligne que l'époque n'est plus où il pouvait se reposer, en cas d'agression, sur telle ou telle armée étrangère :

> Les temps ont changé. Le pauvre vieux pape ne compte plus sur personne ici-bas. Mais l'Église est immortelle, ne l'oubliez pas !

Au moment où les ambassadeurs sortent du bureau du pape, un officier apporte la nouvelle que la brèche de la porte Pia est béante et que l'assaut est imminent. Après quelques minutes d'entretien avec le militaire, Pie IX se tourne vers les ambassadeurs :

> Je viens de donner l'ordre de capituler. À quoi bon se défendre encore ? Je ne veux pas verser le sang inutilement. Vous m'êtes témoins, messieurs, que l'étranger n'entre ici que par la violence.

À 10 h 10, un capitaine français à cheval débouche sur la porte Pia en agitant un drapeau blanc :

> Cessez le feu ! J'apporte l'ordre écrit du général Kanzler !

Les zouaves pontificaux, épuisés, atterrés, les larmes aux yeux, obéissent et posent leurs fusils. C'est alors que les assaillants gravissent la brèche qui n'est plus défendue, baïonnette au canon, et, franchissant la muraille, se ruent sur les soldats désarmés, en quête d'une victoire que personne ne leur dispute. Cadorna et Kanzler se retrouvent à la villa Albani, toute proche, et signent une convention qui entérine la reddition de la ville de Rome. Le texte, en quelques lignes, réserve au pape le petit territoire de la Città Leonina, qui mène de la basilique Saint-Pierre au château Saint-Ange.

C'est là, sur la place Saint-Pierre, que les prisonniers sont rassemblés et désarmés, en fin de journée, juste sous les appartements du pape. Défaits, ils vont devoir quitter la ville. Avant de donner l'ordre du départ, un colonel, levant son épée pour la dernière fois, s'écrie :

Vive Pie IX, pontife et roi !

Plusieurs milliers de poitrines lui répondent. Attiré par le bruit, Pie IX ouvre alors la fenêtre de sa chambre, qui donne sur la place. Il capte tous les regards. L'émotion est à son comble. Le petit homme en blanc ouvre grands les bras, comme s'il voulait serrer tous ces hommes sur son cœur, puis il lève la main et bénit cette assemblée hétéroclite :

Benedictio Dei omnipotentis...

Le vieux pape ne parvient pas à terminer sa bénédiction. Il lève à nouveau le bras, mais l'émotion et la fatigue sont trop fortes : il s'effondre en arrière, à demi évanoui.

La loi des Garanties

Pie IX a vite repris ses esprits. Le 1er novembre, depuis le palais apostolique où il se considère officiellement « prisonnier », il publie une encyclique rappelant les étapes de cette « spoliation » dont il excommunie, au passage, les acteurs et les complices. Le texte a été imprimé secrètement à Genève pour éviter d'être intercepté par la police piémontaise. Il y revendique, sans aucune « conciliation » possible, la liberté du siège apostolique, qui sous-entend son indépendance totale à l'égard de tout pouvoir politique.

En face, le nouveau pouvoir italien prépare un texte, lui aussi. Une loi dite « *delle Guarentigie* » (« des Garanties ») est promulguée le 13 mars 1871. Elle déclare la personne du pape « sacrée et inviolable » et lui reconnaît les honneurs et attributions d'un souverain; elle lui assure une dotation annuelle considérable, ainsi que la jouissance des palais du Vatican, du Latran et de Castel Gandolfo; elle garantit enfin la liberté et l'inviolabilité des futurs conclaves et conciles, ainsi que de leurs participants. Autant de mesures, d'attentions et de promesses qui eussent été presque acceptables si elles n'étaient viciées dès l'origine par un postulat rédhibitoire: le siège de l'Église et son chef ne peuvent dépendre d'une loi octroyée par ses vainqueurs, sans aucune concertation, et susceptible d'être remise en cause à la première révolution venue.

Les deux points de vue sont-ils vraiment inconciliables? L'intransigeance du vieux pontife, courbé sous le poids de toutes les avanies passées, semble totale. La brutalité avec laquelle les nouvelles autorités romaines confisquent les biens de l'Église, chassent ses prêtres et dispersent ses congrégations, ne facilite pas la reprise du dialogue. Le séjour cloîtré du pape au Vatican est parti pour durer longtemps. Or Pie IX, lui, ne semble pas subir l'affront du temps. Le 16 juin 1871, à soixante-dix-neuf ans, il fête même un anniversaire inédit, celui du pontificat le plus long de l'histoire: vingt-cinq ans. Le précédent record était attribué à saint Pierre en personne…

Pendant sept années encore, Pie IX va continuer à recevoir dans son palais – d'abord aidé d'une béquille, puis dans un fauteuil roulant. Ses invités, triés sur le volet, doivent montrer patte blanche auprès d'un détachement de policiers italiens. Le vieil homme écrit beaucoup. Il multiplie les homélies et les discours. Il a gardé la voix sonore et la belle prestance qui avaient tant impressionné les cardinaux lors du conclave de 1846. Il revient souvent sur son statut de « captif », sur la situation politique, sur l'histoire et sur l'évolution du monde. Ses propos sont définitivement et radicalement hostiles à toute modernité. Il est loin, le jeune pape ouvert, tolérant et libéral de 1846 !

Sur ses vieux jours, Pie IX inaugure le nouveau style de vie qui sera désormais celui du chef de l'Église : des appartements réduits au minimum – une chambre et un bureau d'une grande simplicité – au-dessus des hautes galeries et des salles d'apparat du palais apostolique ; une vie austère, qui commence à 5 heures et demie et voit défiler prière, messe, petit déjeuner, audiences, déjeuner solitaire, courte promenade, sieste, chapelet, lecture du bréviaire, nouvelles audiences, souper, puis dernière visite au saint sacrement.

Chaque pape, après lui, reprendra ce schéma, ajoutant ici ou là sa note personnelle – un observatoire, des vitraux, une serre, une terrasse, une piscine, un piano – et s'efforçant, avec plus ou moins de bonheur, de ne pas se couper du reste du monde. Le grand paradoxe de la « question romaine » étant qu'au fil des années, le statut désolant de ce pape qui n'est plus roi va lui conférer une aura, un prestige, une influence, qui ne cesseront de croître dans le reste du monde.

Pie IX meurt le 7 février 1878, dans sa quatre-vingt-sixième année, des suites d'une longue et pénible bronchite. Ironie de l'histoire : son ennemi intime, le roi Victor-Emmanuel II, de trente ans son cadet, est mort quelques jours avant lui, dans la nuit du 8 au 9 janvier, d'une fièvre maligne. La disparition de ces deux hommes qui se sont tant combattus, c'est une page qui se tourne dans la longue histoire de la chrétienté.

Un conclave sans *papabili*

18 février 1878. C'est la première fois que le Sacré Collège se réunit en conclave depuis la chute des États pontificaux. Le vieux Pie IX, craignant que les nouveaux maîtres de Rome ne gênent l'élection de son successeur, a donné de nombreuses instructions au camerlingue, le cardinal Pecci. Il souhaitait notamment que le conclave se tînt en dehors du territoire italien, ce qui se révèle à la fois compliqué, illusoire et inutile. C'est au Vatican, donc, que l'on organise à la hâte des cérémonies très simplifiées, à commencer par les Novendiales d'ailleurs écourtées d'une journée.

Les offices solennels sont répartis entre la chapelle Pauline et la chapelle Sixtine. Cette dernière abritera le conclave lui-même : répartis en trente-deux trônes numérotés et surmontés d'un dais, les cardinaux éliront désormais les papes face à l'impressionnant *Jugement dernier* de Michel-Ange. Les matériaux de bois servant aux cellules des cardinaux ayant disparu dans les soupentes du palais du Quirinal, des cloisons de fortune sont improvisées dans le palais apostolique, sans confort ni toilettes à proximité. Le tout se passe si vite que plusieurs éminences manqueront le début des séances. Le cardinal McCloskey, archevêque de New York, arrivera même après l'élection.

Il n'y a pas de véritable favori. L'ex-secrétaire d'État Giacomo Antonelli l'eût sans doute été, après avoir servi Pie IX pendant vingt-huit ans, s'il n'était pas mort en 1876. L'éminentissime cardinal Riario Sforza, archevêque de Naples, eût été *papabile*, lui aussi, s'il n'était décédé en septembre 1877.

Les observateurs se doutent, au moins, que le nouveau pape ne sera pas un *straniero* (« étranger »). D'abord parce que sur les soixante cardinaux présents, trente-neuf sont italiens – y compris le très effacé Lucien-Louis Bonaparte, prince de

Canino, petit-neveu de Napoléon Ier et filleul de Napoléon III. Mais surtout parce que la partition particulière du Saint-Siège dans le concert des nations européennes fait espérer que les cardinaux éliront un pape non soumis aux pressions de telle ou telle puissance voisine. Donc un Italien.

On avance quelques noms. Du côté des conservateurs, on prononce celui du cardinal Luigi Maria Bilio, cinquante et un ans, un religieux intransigeant qui fut un des rédacteurs du *Syllabus*, et dont l'élection – on le sait par les maladresses répétées de l'ambassadeur de France, le baron Baude – se heurterait à l'« exclusive » du gouvernement français. Du côté des réformateurs, nettement minoritaires, on chuchote celui du préfet de la Propagande, le cardinal Franchi, cinquante-huit ans, un diplomate séduisant – il fut nonce à Madrid – mais peut-être trop superficiel.

D'autres noms circulent: Morichini, De Luca, Monaco La Valletta, Panebianco. Et puis Pecci. Longtemps marginalisé par Antonelli qui ne l'aimait pas et qui l'avait « exilé » à Pérouse, le cardinal Gioacchino Pecci, soixante-sept ans, avait récemment été nommé camerlingue par le pape. Les mauvaises langues avaient commenté ce choix en disant que Pie IX, en le chargeant de l'organisation des obsèques et de la succession, avait voulu minimiser ses chances d'être élu! Or, c'est le contraire qui va se produire. En l'absence de *papabili* indiscutables, le conclave se tourne vers cet homme grand, sec et distant, peu connu mais présentant bien, pondéré, et qui a su montrer, en ce contexte difficile, ses qualités d'organisateur. Pecci dirige les congrégations cardinalices, écrit au corps diplomatique, accueille les députations, répond aux adresses princières. Il sait faire montre de fermeté. Il en a donné la preuve quand le roi Humbert lui a fait demander une place de choix dans le cortège des princes qui doivent assister aux funérailles:

> Veuillez dire à Sa Majesté, a répondu le camerlingue, que le cérémonial accorde la première place à l'ambassadeur d'Autriche, la deuxième à l'ambassadeur de France, etc. Viennent ensuite les princes étrangers de passage à Rome : il sera loisible au roi d'Italie de prendre rang parmi eux...

Cette intransigeance et cette ironie plaisent aux cardinaux. Lorsque le conclave commence, Pecci obtient 19 voix dès le premier tour, puis 26, puis 44 : la majorité des deux tiers étant fixée à 41, le camerlingue est élu dès le matin du 20 février. La surprise est générale. C'est le conclave le plus rapide auquel on ait assisté depuis très longtemps.

L'enfance d'un pape

Gioacchino Pecci est originaire de Carpineto, un village du Latium perché à six cents mètres d'altitude. Pour s'y rendre, à l'époque, il faut prendre le train de Naples qui longe les Colli Albani jusqu'à Segni, puis la diligence qui se lance à l'assaut des Monti Lepini. C'est une région de papes : à quelques kilomètres au nord, Gavignano est le village natal d'Innocent III ; et Anagni, le chef-lieu, celui de Boniface VIII...

Une tour du XIIe siècle, un ancien *palazzo* de la famille Aldobrandini, des maisons creusées dans la roche vive, des ruelles boiteuses où l'on croise des femmes portant amphore sur la tête, des récolteuses de châtaignes et des *ciocari* qui attellent bruyamment leurs ânes, à l'aube, avant d'aller travailler dans la montagne. À un kilomètre du bourg, perdue dans les cyprès, les chênes et les charmes, se dresse, sur deux étages, la demeure cossue et un peu austère des comtes Pecci.

La famille Pecci, venue de Sienne au XVIe siècle, a compté des évêques, des ambassadeurs, des juristes, des moines, une religieuse, mais encore aucun pape. Le comte Ludovico, père du futur Léon XIII, a défendu l'État pontifical, sous l'uniforme de colonel, contre les prétentions napoléoniennes. À vrai dire, les milices baronnales qu'il commanda étaient surtout composées de montagnards inoffensifs et hâbleurs, pauvrement armés de bâtons ferrés ! Sa femme, la comtesse Anna Prosperi Buzzi, descend du célèbre Cola Di Rienzo dit « Rienzi », un aïeul révolutionnaire du XIVe siècle devenu un héros de légende, un Robin des Bois local dûment célébré par Pétrarque et Byron : voilà un drôle de pedigree pour le successeur de Pie IX !

Vincenzo Gioacchino Pecci est né en 1810. Cette année-là, on s'en souvient, le pape Pie VII croupit dans sa prison de Savone. Carpineto, vieille possession pontificale, est sous la botte de Napoléon. Le comte Pecci, par fidélité envers son pape souverain, a refusé d'être maire de la localité. Dans la famille Pecci, on ne transige pas sur ce genre de principes.

Le futur pape a deux sœurs et trois frères dont l'un, Giuseppe, est son aîné de trois ans. Chez les Pecci, malgré les événements, on vit à l'aise. Le pain ne manque pas. Le vin est aigrelet, mais abondant. Il y a toujours du beurre frais. On mange du chevreau ou de l'agneau farci d'épices parfumées. Les vêtements sont en lin, tissés au village. Dans la chambre du gamin trône le portrait d'une arrière-grand-tante au beau visage allongé, Marguerite, une religieuse devenue « bienheureuse ».

L'enfant grandit entre la bibliothèque, une grande pièce quadrangulaire tapissée de vieux livres, la fascination pour les brigands au foulard rouge qui infestent et terrorisent la région, et les plaisirs simples de la campagne : un de ses camarades de classe nommé Selvagni l'emmène régulièrement battre les fourrés voisins du Dommarco, de la Foresta ou de la Meleina, et lui apprend à prendre au collet alouettes, perdrix et oiseaux de vendanges. Adolescent, Gioacchino reçoit en cadeau de son colonel de père un fusil à la crosse nacrée et au canon effilé. À pied ou à cheval, il pousse alors les virées giboyeuses jusqu'à la Fagetta ou la Semprevisa. Le bon temps. Toute sa vie, il éprouvera de la nostalgie pour les chasses de sa jeunesse.

En 1818, sa mère l'inscrit avec son frère aîné au collège de Viterbe, tenu par les Jésuites. Pie VII vient de réhabiliter la Compagnie de Jésus : les deux petits Pecci, en redingote bleue à longs pans, figurent dans la première promotion du collège rétabli par le pape. Gioacchino est, aux dires de ses maîtres, un *angeletto*, un « petit ange » qui se passionne pour la grammaire, le latin, la poésie. Les premières lettres qu'il envoie à sa mère attestent que le jeune homme, très tôt, maîtrise la langue à la perfection. Il composera bientôt des poèmes latins qui feront l'admiration de ses professeurs.

Une ambition romaine

Puis Gioacchino part pour le Collegio romano, à Rome, où il habite chez son oncle Antoine qui, lui-même, loge au palais Mutti. Pour le jeune homme, Rome est un éblouissement. Il court les ventes de livres, il fréquente les cafés, il dévore les journaux. Il étudie aussi les mathématiques, la chimie, l'astronomie, toutes ces sciences modernes qui remettent en cause tant de certitudes ancestrales ! Il vit intensément le jubilé convoqué par Léon XII en 1825 : une « année sainte », à Rome, c'est une suite ininterrompue de réjouissances spirituelles, de cérémonies majestueuses, de sermons remarquables. Il vénère Léon XII qui restera, à vie, le pape de son adolescence.

Pecci s'intéresse à tout. Il aurait pu être journaliste. Il écrit à son vieux père de nombreuses lettres où il raconte en abondance les dernières nouvelles politiques et les potins de la Ville éternelle. Il décrit longuement et avec force détails le consistoire de 1828, la mort de Léon XII, ses obsèques et le conclave de 1829, les premiers pas de Pie VIII – « il a le cou de travers et semble danser quand il marche », écrit l'irrévérencieux jeune homme. Il raconte la fête brillante que l'ambassadeur de France, François René de Chateaubriand, donne à la villa Médicis en l'honneur de la grande-duchesse Hélène de Russie. Il ne se lasse pas des disputes bruyantes entre intellectuels de toutes provenances, qui résonnent dans les trois salles du *Caffè del Veneziano*. Il se régale du spectacle d'un cardinal passant dans la rue, suivi de son majordome armé d'un large *ombrellino* en coton rouge pour le protéger du soleil, et de quelques abbés en frac, le parasol de serge verte sous le bras, le mouchoir à fleurs à la main et la tabatière dans l'autre…

La mort de Pie VIII survient, à l'automne de 1830, alors qu'il vient de soutenir sa thèse. Sa correspondance est foisonnante. Son analyse précise des *combinazioni* entre les factions cardinalices, sa connaissance méticuleuse du nombre de voix obtenues par tel ou tel *papabile*, sa critique du droit d'exclusive brandi par telle ou telle puissance, montrent que le jeune homme est très bien informé, mais aussi qu'il fait passer la liberté de ses commentaires avant le respect que devraient lui inspirer tous ces éminents personnages.

Il lit avec avidité le *Diario di Roma*, la *Voce della ragione* de Novare, mais aussi quelques grands journaux français ou suisses dont les éditoriaux « libéraux » jurent avec la dévotion romaine, notamment en ce qui concerne les mesures de sécurité édictées par Grégoire XVI, très impopulaires, et les révoltes qui se propagent comme traînées de poudre dans l'ensemble des États pontificaux.

Il n'en oublie pas pour autant sa carrière. Il ne néglige rien qui puisse favoriser son ascension. Prudent et calculateur, il pousse un de ses frères à reconstituer l'arbre généalogique de la famille Pecci pour assurer son entrée à l'Académie des nobles ecclésiastiques, en novembre 1832. L'année suivante, il hésite à demander au pape en personne de dédicacer sa thèse de doctorat, mais il renonce pour des raisons d'argent. Il n'a de cesse de se trouver des protecteurs puissants – les cardinaux Pacca, Sala, Odescalchi – qui l'aident à accéder, en 1836, au titre de prélat de Sa Sainteté, puis à entrer dans la congrégation *di Buon Governo*, le gouvernement de l'État pontifical. Il a le droit de porter la *mantelletta* des « prélats domestiques » du Saint-Père. Ordonné prêtre en 1838, il est nommé délégué apostolique – une sorte de préfet – pour la province de Bénévent. Il n'a que vingt-huit ans.

Pérouse, Bruxelles, Pérouse

Cette province méridionale, mal remise des guerres napoléoniennes, est alors infestée par des bandes de brigands sans foi ni loi venus de la région de Naples. Forteresses cernées, repaires investis, meneurs expulsés : le jeune gouverneur s'emploie à éradiquer cette insécurité en usant, s'il le faut, de la manière forte. Dans l'entourage de Grégoire XVI, on remarque les qualités de cet administrateur à poigne. Pecci est nommé gouverneur à Pérouse, en Ombrie, une province difficile à gérer, considérée à Rome comme un foyer de conspiration révolutionnaire. Il sait s'y faire apprécier. Intelligent, cultivé, courageux, Pecci est aussi un bourreau de travail. En visite à Pérouse, le pape Grégoire XVI tombe sous le charme :

> Sous peu, monseigneur, quand je serai de retour à Rome, je me souviendrai de vous !

Le vieux pontife tiendra sa promesse. En 1843, lorsqu'il doit nommer un nouveau nonce apostolique dans la tumultueuse Belgique, il choisit de confier cette rude mission à Pecci, qu'il nomme évêque. C'est le secrétaire d'État, le cardinal Lambruschini en personne, qui le consacre en l'église San Lorenzo in Panisperna, au nord de Rome, le 27 janvier 1843. De tous les participants à la cérémonie, le nouvel évêque est sans doute le plus jeune : il a trente-trois ans.

De même que l'abbé Mastai, futur Pie IX, avait été profondément marqué par sa mission en Amérique du Sud, l'évêque Pecci sera fort impressionné par les trois années qu'il passe à Bruxelles. Il a l'occasion de découvrir Londres, Cologne, Paris. Il se frotte au foisonnement des idées libérales qui agitent l'Europe en général, la Belgique en particulier, et contre lesquelles, vue de Bruxelles, la papauté semble mener un combat désespéré.

Précisément, le nonce Pecci est prié de partir en guerre contre le roi Léopold à propos de l'éducation. Il s'efforce notamment de remettre sur pied une université catholique à Louvain, après que l'établissement existant eut été emporté dans l'engouement libéral. Est-il maladroit ? Est-ce le roi, comme on l'a dit, qui demande son rappel ? Toujours est-il qu'il revient à Pérouse en 1846 pour y remplacer l'archevêque décédé. Lorsque l'ex-gouverneur de la ville y fait son entrée solennelle, des dizaines de milliers de fidèles sont là pour l'acclamer.

Pérouse, on l'a dit, n'est pas un évêché de tout repos. En 1860, notamment, Mgr Pecci – qui est devenu cardinal – proteste contre l'annexion de l'Ombrie par le roi de

Sardaigne, en accord avec le nouveau secrétaire d'État Giacomo Antonelli, homme lige de Pie IX. Mais Antonelli n'apprécie pas Pecci. Il déplore notamment ses lettres pastorales prônant un rapprochement entre la religion et la culture moderne. Alors que certains cardinaux plus jeunes ou moins ouverts sont promus dans l'entourage du pape, Pecci, lui, va rester à Pérouse pendant… trente ans. C'est beaucoup. Quand on interrogeait Pie IX sur les éminentes qualités d'évêque de Mgr Pecci, le pape répondait :

> Oui, c'est un très bon évêque. Eh bien, qu'il fasse l'évêque !

À la mort d'Antonelli, en 1877, le cardinal Pecci vient s'installer à Rome, tout en gardant sa charge de Pérouse. Il loge au palais Falconieri, via Giulia, chez son ami le cardinal Bartolini. Auprès du vieux pape, il sollicite l'évêché d'Albano : il essuie un refus. Il postule alors pour la charge de dataire, l'une des plus enviées à Rome : Pie IX la confie à l'un de ses amis ! Heureusement, le cardinal De Angelis décède, laissant vacante la charge de camerlingue : le pontife ne pouvait pas, sauf à faire scandale, lui opposer un troisième refus.

« *Al fiume la carogna !* »

Quand il est élu pape, quelques mois plus tard, Gioacchino Pecci est âgé de soixante-huit ans. Il a choisi de s'appeler Léon XIII, en hommage à Léon XII, le pape de sa jeunesse, et en souvenir de saint Léon le Grand – le pape qui avait fait valoir, au ve siècle, que la primauté du pape tenait à sa qualité de successeur de Pierre et non, quels qu'en fussent le prestige et le statut politique, à la ville où siégeait la papauté.

Le nouveau pontificat commence par un énorme scandale. Feu le pape Pie IX avait exprimé le désir que sa sépulture définitive soit la basilique Saint-Laurent-hors-les-Murs. Certes, le pape lui-même est « prisonnier » au Vatican, mais rien ne lui interdit d'organiser le transport d'une dépouille mortuaire, fût-elle celle de son prédécesseur, à travers la ville. Cependant, par prudence, il a été décidé que la translation ne donnerait lieu à aucune publicité, et qu'elle se ferait à la nuit tombée, le 13 juillet 1881. Peine perdue.

À minuit, ce soir-là, le char funèbre franchit la grille del Petriano, par la place Sainte-Marthe, accompagné de plusieurs carrosses fermés dans lesquels ont pris place cardinaux, ambassadeurs et prélats. Toujours « prisonnier » au Vatican, le pape Léon XIII n'est pas du voyage. Heureusement ! Le cortège n'a pas atteint le château Saint-Ange que des groupes de manifestants anticléricaux, à l'entrée du pont franchissant le Tibre, se mettent en travers de sa route en vociférant :

Al fiume ! Al fiume la carogna !

« À la rivière, la charogne ! » Les braillards nocturnes ont bien failli mettre leur slogan en pratique. À coups de gourdins et de pavés, ils se fraient un chemin jusqu'au cercueil papal, blessant quelques gardes et molestant plusieurs éminences. La réaction des gendarmes pontificaux, l'intervention des sergents de ville surgis du château Saint-Ange et le courage des fidèles brandissant leurs cierges comme des bâtons, ont empêché les manifestants de commettre leur sacrilège. De justesse.

Ce grave incident et les autres manifestations qui accompagnent le convoi funèbre jusqu'au quartier de Verano, à l'est de la cité, persuadent le pape et son entourage que la

« question romaine » est toujours aussi brûlante : le gouvernement italien, à l'évidence, n'a pas fait grand-chose pour éviter ces excès déplorables, ce qui laisse penser qu'il n'a aucunement l'intention de revenir à des sentiments plus conciliants.

Onze ans ont passé, pourtant, depuis la prise d'assaut de la porte Pia et le changement de régime. L'Italie est durablement unifiée, personne n'en menace l'existence : qu'aurait-elle à craindre en restituant une partie de ses États au pape ? D'autant que le roi Humbert Ier, tout comme son père, ne se plaît pas à Rome, et que la reine Marguerite, sa royale épouse, éprouve des terreurs folles dans ce palais du Quirinal où circulent, la nuit, les fantômes de tous les papes trépassés !

Mais le roi Humbert est un faible, il n'a ni l'autorité ni le charisme de son père, et personne ne l'imagine aller à l'encontre des parlementaires italiens massivement hostiles à tout arrangement avec le pape. Pie IX ayant interdit aux catholiques de participer à la vie politique de l'État honni, il ne bénéficie d'aucun groupe parlementaire qui eût défendu les intérêts de l'Église de l'intérieur. Cette faute politique, on le verra, pèsera lourd dans les décennies à venir.

Léon XIII, à son tour, exige sans espoir le retour au *statu quo ante*, tout en envisageant secrètement de quitter Rome. Mais où aller, quand on est pape ? L'Autriche ? L'empereur François-Joseph, avec habileté et discrétion, l'en dissuade : Vienne n'a rien à gagner à s'encombrer de la papauté ! Alors Trente, la ville où se tint le plus grand Concile de l'histoire ? Ou Salzbourg, la « ville aux cent églises » nichée au cœur de l'Europe chrétienne ? Mais comment reconstituer la curie, ses administrations et ses fastes, dans une petite ville des Alpes ?

Réconcilier l'Église et le monde

Léon XIII ne se fait aucune illusion. Le jour de son élection, il n'a pas voulu bénir la foule de la loggia extérieure de Saint-Pierre, mais de la fenêtre du balcon de la salle des canonisations, à l'intérieur de la basilique. Rome est désormais divisée en deux : un monde « noir », partisan de la république, qui considère le roi comme un pis-aller et le pape comme un anachronisme appelé à disparaître ; et un monde « blanc » qui vénère le Saint-Père et regrette l'époque des États pontificaux.

Le pape sait bien qu'il n'a pas le choix : tout en affichant la plus grande fermeté à l'égard de l'État italien, il lui faut oublier le passé, moderniser l'Église et ouvrir la papauté sur le reste du monde. C'est ainsi qu'il choisit comme secrétaire d'État le cardinal Alessandro Franchi, chef de file des « libéraux » lors du conclave de 1878. Diplomate de talent, bon écrivain et causeur agréable, ce gros fumeur de cigares avait finalement rallié, après le premier scrutin, la candidature de Pecci : à cinquante-huit ans, il avait lui-même tout l'avenir devant lui. Qui aurait pensé qu'il mourrait quelques mois plus tard ?

Léon XIII va alors s'appuyer sur le cardinal Lorenzo Nina, plus bonhomme et moins cultivé que Franchi, puis, après son décès en 1885, sur le cardinal Mariano Rampolla Del Tindaro, quarante-quatre ans, brillant diplomate et fin politique, pour conduire son projet fondamental : réconcilier l'Église et le monde moderne. Encore les Franchi, Nina et autres Rampolla n'ont-ils pas le même pouvoir que leurs grands anciens, les Consalvi, les Antonelli, car le pape Léon XIII, à la différence de ses prédécesseurs, est un travailleur impénitent qui veut s'occuper de tout !

Chaque matin, à partir de 9 heures et demie, le pape reçoit le cardinal secrétaire d'État, puis les préfets ou présidents des différents dicastères : la *Suprême Sacrée Congrégation du Saint-Office*, qui définit ce qui est catholique et ce qui ne l'est pas ; la *Sacrée Congrégation des évêques et réguliers*, qui s'occupe des cadres de l'Église universelle ; la *Sacrée Congrégation de propaganda fide*, qui traite des missions ; d'autres encore qui se chargent des rites, de la liturgie, de l'Index, des indulgences et des reliques ; et aussi la *Sacrée Congrégation de la visite apostolique*, qui l'assiste pour tout ce qui concerne le diocèse de Rome dont il est l'évêque. Le pape reçoit ensuite son secrétaire « aux Lettres latines », puis le secrétaire « des Brefs aux princes », tous deux chargés de gérer son courrier officiel, qu'il tient pourtant à relire et à corriger lui-même.

À 14h30, le pape prend un déjeuner très simple, en solitaire, parfois sur le pouce. Après une sieste d'un quart d'heure « à la romaine », il s'accorde une promenade – sa chaise à porteurs l'emmène dans tel ou tel coin des jardins du Vatican, tandis qu'il lit son bréviaire. Puis, après quelques exercices spirituels, il reprend le travail à 17 heures : nouvelles audiences, dossiers délicats, textes en préparation, lectures utiles. Il ne lève la tête qu'à 22 heures, pour un dîner frugal. Il ne se couche jamais avant 23 heures, et c'est avec une pointe d'inquiétude que ses camériers et secrétaires le saluent : qui sait, si le Saint-Père a des insomnies, il est bien capable de les faire appeler en pleine nuit !

Ce pape-là est un bourreau de travail qui ne ménage pas ses efforts. D'abord sur le plan diplomatique, où il mène une politique très active visant à renforcer la présence catholique en Europe et dans le reste du monde. Il traite avec le chancelier Bismarck pour réviser les lois anticléricales ayant fait du Kulturkampf un vrai chemin de croix pour l'Église d'Allemagne. Il négocie avec la Belgique, la Russie, la Grande-Bretagne et, à partir de 1887, la France républicaine.

Comme chef de l'Église, il est également très actif. Outre les nonciatures qu'il renforce systématiquement, il crée deux cent quarante-huit sièges épiscopaux, quarante-huit vicariats ou préfectures apostoliques, et deux patriarcats à travers le monde. Il institue vingt-huit nouveaux diocèses aux États-Unis d'Amérique. Il installe des hiérarchies en Écosse, au Maghreb, en Inde, au Japon…

Mais c'est par son œuvre écrite, doctrinale et pastorale, que Léon XIII aura laissé une trace durable. Ce pape qui aimait tant prendre la plume quand il était jeune, ce fin lettré qui rédige sans rature dans un latin d'une remarquable pureté, n'a cessé de publier des textes fondamentaux, notamment une vingtaine d'encycliques. Il écrit sur la Vierge Marie, le rosaire, la famille, comme tout pape l'eût fait à sa place, mais il n'hésite pas à traiter aussi des sujets politiques et sociaux d'envergure: *Aeterni Patris*, où il place saint Thomas d'Aquin au cœur de l'enseignement dogmatique de l'Église; *Diuturnum illud*, où il invite à reconnaître *de facto* le régime démocratique; *Humanum genus*, où il dénonce et condamne la franc-maçonnerie; *Immortale Dei*, où il considère que toute forme de gouvernement est bonne pourvu qu'elle vise au bien commun; *Graves de communi*, où il émet des réserves face à la démocratie chrétienne en Italie; et surtout *Rerum novarum*, qui sera le socle de la doctrine sociale de l'Église pendant tout le XXᵉ siècle.

Méthodiquement, Léon XIII rompt avec le passé conservateur, absolutiste et réactionnaire qui a coupé la papauté de son époque. Il encourage l'astronomie et les sciences naturelles, il incite les historiens à ne pas craindre la vérité historique, il ouvre les archives vaticanes aux érudits. Ce pape-là croit à la raison, à la science, au monde réel et à ceux qui le peuplent…

Le 1er janvier 1888, lorsque s'ouvre son jubilé sacerdotal, l'image de l'Église a profondément changé. L'institution moribonde et archaïque à laquelle Pie IX avait évité le naufrage définitif, dix-sept ans plus tôt, est devenue le centre incontesté d'une chrétienté partout en essor. La messe pontificale qui inaugure les cérémonies jubilaires à Saint-Pierre, dans une basilique fermée, certes, mais pleine à craquer, surpasse en fastes et en splendeur tous les offices célébrés dans ce lieu depuis les événements de 1870. La magnificence des cortèges, la majesté de la liturgie, toute la pompe d'antan restaurée le temps d'une messe, et aussi les clameurs de la foule des fidèles, l'émotion qui monte des cantiques, la ferveur qui accompagne les prières, montrent que le temps de la précarité, de la guerre et du martyre est achevé. Et que l'histoire de l'Église a repris son cours.

Entre la guerre et la paix

La politique de l'Église est de ne pas faire de politique.

Pie X

Lorsque Gioacchino Pecci fut élu pape en 1878, personne ne pensait qu'il vivrait si longtemps. Quand le siècle bascule, Léon XIII a quatre-vingt-dix ans. Un an plus tôt, il a failli être emporté par une maladie, mais il a survécu à l'opération, pourtant délicate, d'un kyste malin. Le 20 février 1903, il a lui-même dépassé les « années de Pierre », son règne devenant le deuxième plus long pontificat de l'histoire après – facétie du destin – celui de son prédécesseur Pie IX. Il meurt finalement le 20 juillet 1903, à 4 heures de l'après-midi. Avant de rendre le dernier soupir, entouré de ses proches et de ses médecins, il a ce mot superbe :

Andiamo all'eternità ! (« Allons vers l'éternité ! »)

La longévité inattendue de Léon XIII lui a permis de modifier le cours de l'histoire de la papauté. Tout a changé, dans le monde et dans l'Église, depuis la mort de Pie IX et l'élection du cardinal Pecci au siège de saint Pierre. C'est pourquoi le conclave de 1903 s'annonce tendu, car son enjeu est crucial : ou bien le nouveau pape va de l'avant et poursuit l'ouverture de l'Église au monde moderne ; ou bien il rompt avec la politique de Léon XIII et fait machine arrière, avec toutes les conséquences que cela implique. Il n'y a pas de solution médiane.

Lorsque le corps de Léon XIII est déposé dans un cercueil provisoire en attendant son transfert à Saint-Jean-de-Latran, les soixante-quatre cardinaux composant le Sacré Collège ont commencé à affluer à Rome. Deux d'entre eux ne participeront pas à l'élection du successeur : le vieil archevêque de Palerme, incapable de se déplacer ; et l'archevêque de Sydney, en Australie, qui arrivera trop tard. Tandis que les premiers arrivés se concertent déjà, de « congrégations » officielles en cénacles plus discrets, deux hommes déploient une grande activité dans les couloirs du palais apostolique.

Le premier est Luigi Oreglia Di Santo Stefano, soixante-quinze ans, doyen du collège cardinalice et, surtout, camerlingue : c'est lui qui est chargé d'organiser la succession. Conservateur jusqu'à l'intégrisme, antilibéral jusqu'à l'intransigeance, ce vieux monsieur sec et dédaigneux n'a cessé de critiquer Léon XIII qu'il déteste depuis toujours – il se vante d'être devenu, au fil des ans et des décès, le seul cardinal vivant à devoir sa barrette à Pie IX ! Certes, sur son lit de mort, le pape a tenu à se réconcilier avec son vieil ennemi, mais ce dernier n'a pas abdiqué pour autant ses convictions rétrogrades.

L'autre personnage omniprésent est presque un inconnu. Il s'appelle Rafael Merry del Val, il a trente-huit ans, il n'est pas cardinal. Fils d'un diplomate espagnol, né à Londres, bardé de diplômes, polyglotte, il a été nommé au pied levé secrétaire du conclave, quelques jours plus tôt, à la place de celui qui devait assumer cette charge, Mgr Volpini, décédé pendant l'agonie de Léon XIII. Personne n'imagine que ce jeune et brillant prélat anglo-espagnol va jouer, dans un avenir très proche, un rôle de tout premier plan.

Le scandale Rampolla

À vrai dire, un troisième personnage, plus puissant que les deux précédents, occupe les conversations, les pensées et les pronostics : Mariano Rampolla Del Tindaro, soixante ans, cardinal, secrétaire d'État de Léon XIII depuis 1887. Il a servi avec talent ce pape novateur et autoritaire qui, pourtant, n'aimait pas déléguer ses tâches. Il l'a beaucoup aidé, notamment, à redonner à la papauté un immense prestige dans le monde. Grand seigneur, conscient de ses chances, il apparaît aux yeux de tous comme le favori de l'élection.

De fait, lorsque les cardinaux réunis dans la chapelle Sixtine procèdent au premier tour de scrutin, le samedi 1er août au matin, le cardinal Rampolla arrive nettement en tête : 24 voix, contre 17 au cardinal Gotti, préfet de la Propagande et supérieur général des Carmes. Quelques voix éparses se sont portées sur le très réactionnaire Vannutelli, secrétaire du Saint-Office, et aussi sur Sarto, patriarche de Venise. Au deuxième vote, Rampolla obtient 29 voix. Pour tout le monde, l'affaire est entendue : au grand dam d'Oreglia et des conservateurs, les Agliardi, Steinhuber et autres Tripepi, le cardinal Rampolla va être élu.

C'est sans compter avec ce fameux privilège, archaïque mais jamais aboli, du « droit d'exclusive » détenu par les grandes puissances catholiques traditionnelles. On ne saura jamais si Oreglia fut à l'origine de cette manipulation, mais, le dimanche matin, à la Sixtine, les cardinaux sont très étonnés de voir le cardinal Puzyna, archevêque de Cracovie, demander la parole. Debout, d'une voix mal assurée et dans un latin hésitant, le Polonais explique que François-Joseph, empereur d'Autriche et roi de Hongrie, entend faire jouer son droit de veto…

> *... contra Eminentissimum Dominum meum Cardinalem Marianum Rampolla Del Tindaro.*

Rampolla, barré par l'Autriche ! Stupéfaction générale. Colère, aussi, tant de la part du cardinal doyen Oreglia, pour le principe, que du côté des évêques français, qui considèrent Rampolla comme un ami de la France, et des cardinaux restés fidèles à Léon XIII et à sa politique d'ouverture. Pour la première fois, c'est la perplexité qui l'emporte face à ce diktat venu de l'extérieur : nombre de cardinaux n'entendent pas se conformer au bon vouloir de l'empereur autrichien et continueront à voter pour Rampolla. Mais la dynamique est brisée, et Rampolla lui-même ne défend pas sa cause. Il remporte encore 29 voix, puis 30 voix, puis 24. Or, il faut 42 voix pour être élu. Et l'on a vu augmenter en même temps, au fil des scrutins, le score du cardinal Sarto, patriarche de Venise : 21, 24, 27 voix…

Giuseppe Sarto, c'est la surprise. D'abord, il ne parle pas français, ce qui paraît rédhibitoire à plus d'un. Le cardinal Lecot, archevêque de Bordeaux le lui a dit sans malice, juste avant le début du conclave :

> Si Votre Éminence ne parle pas le français, elle n'est point *papabile*, car un pape doit savoir le français !
> – En effet, Éminence : je ne suis pas *papabile* et j'en remercie Dieu !

Peu connu à Rome, Sarto n'a ni rival ni ennemi – ce qui n'est pas fréquent. Il ne fait pas partie des « princes » de l'Église : on l'a vu faire son entrée au Vatican, la veille, dans une voiture à chevaux d'aspect misérable, louée pour vingt-cinq lires. Sa modestie semble sincère. Les cardinaux l'ont tous entendu s'inquiéter à haute voix de son score :

> Je serais la ruine de l'Église ! Je n'ai pas les qualités requises ! Je suis indigne et incapable !

Mais cette humilité, paradoxalement, conforte les électeurs dans leur choix. Plusieurs éminences – dont le doyen Oreglia – font le siège du nouveau *papabile*, lui expliquant qu'il ne peut refuser de sauver une situation aussi grave, qu'il en aura des remords toute sa vie, etc. Les cardinaux finissent par arracher à cet homme profondément religieux un accord, du bout des lèvres :

> Que la volonté de Dieu soit faite !

Au sixième scrutin, le lundi 3 août au soir, Sarto recueille 35 voix. L'affaire est entendue : le lendemain, 50 voix se portent sur son nom. L'excitation est générale. Lentement, un cérémoniaire abaisse les baldaquins violets installés sur tous les sièges des conclavistes, sauf celui du cardinal Sarto, si pâle et si tremblant que le cardinal doyen vient répéter la question cruciale :

> Est-ce que tu acceptes ?
> – J'accepte !

Interrogé sur le nom qu'il choisit, en souvenir « des papes qui ont le plus souffert en ce siècle », il prend le nom de Pie. Il est livide. Selon des témoins, il a l'air d'un « condamné à mort ».

Il est 11 h 45. Toutes les cloches de Rome sonnent à la volée, annonçant aux vingt-cinq mille fidèles massés sur la place Saint-Pierre qu'en ce tout début du XXe siècle, l'Église a un nouveau chef, Pie X. Un chef dont elle ne sait à peu près rien…

Le premier pape pauvre

Ce pontife-là, d'emblée, n'est pas un pape comme les autres. Au moins pour une raison : presque tous ses prédécesseurs étaient originaires de familles nobles où ils ont acquis dès l'enfance le sens des convenances, le goût des lettres ou la passion des sciences.

Le petit Giuseppe Melchior Sarto, lui, est né le 2 juin 1835 dans une famille pauvre de Riese, une banale bourgade au cœur de la campagne vénitienne, aux champs bien tenus et aux campaniles effilés. Une mère couturière, illettrée, fille d'un petit aubergiste ; un père agent communal qui possédait une maison en terre battue, trente ares de terre, une vache et un âne. Giovanni Battista Sarto, qui avait de nombreux frères et sœurs, attendit d'avoir quarante ans pour prendre femme et épouser Margherita Sanson, de vingt ans sa cadette. C'était le 13 février 1833. L'archiprêtre, avisant la modestie des mariés, dont les témoins étaient les sonneurs de cloche de l'église, envoya son vicaire procéder à ce mariage peu fortuné. Deux ans plus tard, au lendemain de la naissance du petit Giuseppe, c'est la sage-femme du village qui tiendra le futur pape sur les fonts baptismaux.

Aimant courir nu-pieds la campagne et les cours de ferme, le gamin est bon élève ; on l'inscrit au lycée de Castelfranco, à sept kilomètres de Riese : il fera presque toujours le chemin à pied, hiver comme été, pendant quatre ans. Sur la route, dès la sortie du village, « Beppi » retire ses chaussures pour ne pas les user. Au retour, il lui arrive de piéger des oiseaux avec des rets et de la glu, qui viennent agrémenter le dîner familial…

À quinze ans, Giuseppe décide qu'il sera prêtre. Pour son père et sa nombreuse fratrie, cela signifie de nouveaux sacrifices. Mais le père Fusarini, curé de Riese, intervient auprès de l'évêque du lieu pour lui obtenir une bourse d'études au séminaire de Padoue. Sa première tenue cléricale, en 1850, c'est sa mère qui la coud de ses mains. La mort brutale de son père, en 1852, laisse cette famille de neuf enfants dans le désarroi et la misère. Giuseppe, qui est l'aîné, va-t-il rentrer à la maison s'occuper de sa famille ? Sa mère, Margherita, décide que non : son séminariste de fils est brillant, il est appelé par Dieu, il poursuivra ses études ! Cette année-là, il s'en est fallu de peu que « Beppi » Sarto ne devînt jamais Pie X…

Le 13 novembre 1858, les paroissiens du village de Tombolo, au nord de Padoue, voient descendre d'une charrette un jeune prêtre chaussé de méchantes galoches à semelles de bois et portant un vieux paletot élimé. Mince, chétif, il a des yeux clairs, une coiffure épaisse et des mains de paysan. Leur nouveau vicaire a vingt-trois ans. Il va louer une petite maison de maçon pour cinquante lires par an. C'est un bon prêtre. Neuf ans plus tard, il quitte Tombolo, ses marchands de bestiaux et ses parties de boules, pour devenir curé de Salzano, près de Venise, où trois de ses sœurs vont lui tenir son ménage.

Il aurait bien passé toute sa vie à Salzano, don Giuseppe ! Mais en 1875, l'évêque de Trévise le nomme chanoine de sa cathédrale, chancelier de la curie épiscopale et directeur spirituel du séminaire diocésain. Une triple responsabilité, une tâche écrasante. Mais pour cet homme-là, le service de Dieu est une vocation, un engagement total, un accomplissement de tous les jours. Dix ans plus tard, il se donnera ainsi à sa tâche d'évêque de Mantoue, puis, à partir de 1894, à celle de patriarche de Venise. Il n'en est pas revenu, Mgr Sarto, d'avoir reçu des mains du pape Léon XIII, à Rome, dans la chapelle Sixtine, son chapeau de cardinal !

Patriarche de Venise

C'est avec beaucoup de retard que le nouveau cardinal fit son entrée solennelle à Venise, comme le veut une tradition ancestrale. L'État italien, pour marquer son nouveau pouvoir, et sous le prétexte de respecter une autre antique coutume qui donnait au doge le privilège de nommer le patriarche de la république de Saint-Marc, refusa l'exequatur – l'acceptation officielle de la bulle papale nommant le patriarche – pendant seize mois. Giuseppe Sarto en profita pour aller rendre, à Riese, une dernière visite à sa mère octogénaire et infirme. Serrer dans ses bras maigres son grand fils vêtu de la *cappa magna* de cardinal devait être le dernier bonheur de cette sainte femme.

En septembre 1894, quand le ministère eut enfin autorisé Sarto à prendre possession de son siège, la fête fut extraordinaire. Autour de la gare de Venise, dans les ruelles voisines et au bord du Grand Canal, des milliers de fidèles acclamaient leur nouveau pasteur. Des centaines de gondoles et de petites embarcations escortaient la vedette de la marine royale sur laquelle monta le patriarche vêtu de pourpre, flanqué d'officiers en tenue d'apparat. Tous les palais de la cité, tous les ponts et les terrasses de la ville étaient décorés pour l'occasion – à l'exception du bâtiment abritant la municipalité.

Pendant neuf ans, Sarto a dirigé cet archidiocèse comme un curé de paroisse, avec une simplicité appréciée de ses ouailles. Un jour, il est allé bénir un petit oratoire et une statue de la Vierge au sommet du mont Grappa (1 779 mètres), un endroit où il se rendait à chaque fois qu'il voulait fuir l'air étouffant de la Sérénissime. Cette ascension, qu'il accomplit juché sur une mule blanche drapée de rouge, encadré par des montagnards locaux, se termina à la nuit tombée, à la lueur de milliers de torches et de lanternes brandies par les pèlerins. Cette escalade fort peu sportive vaudra à Giuseppe Sarto une réputation d'alpiniste largement exagérée.

Lorsqu'en juillet 1903 la nouvelle de la mort de Léon XIII parvint à Venise, le cardinal Sarto se prépara à partir pour Rome. À sa nièce Amalia, qui bouclait ses valises, le patriarche reprocha ses excès de bagages :

> Un voyage à Rome n'est pas un voyage en Amérique !

Le cardinal prit place dans sa gondole personnelle, une magnifique barque noire offerte au patriarche par ses diocésains, armée d'une lame de fer forgée par un maître sculpteur, et menée par un gondolier nommé Cavaldoro. Une foule énorme l'accompagna à la gare, si dense qu'il ne pouvait plus avancer :

> Revenez, Éminence ! Revenez vite !

Parvenu à son compartiment, le cardinal se pencha à la fenêtre du train et étendit les bras comme pour embrasser la foule qui se pressait sur le quai :

> Je reviendrai, mort ou vif !

C'était une boutade. Ni lui, ni ses sœurs, ni son entourage n'ont pensé que Venise, quelques jours plus tard, allait se retrouver brusquement privée de son patriarche.

D'abord le spirituel

Le pape Pie X n'est ni un noble, ni un intellectuel, ni un politique. Il fonctionne à l'instinct, se méfie de la diplomatie et déplore la perte du sens religieux qui caractérise son époque. Son langage est simple et direct. Il réjouit le cœur des paroissiens du Trastevere ou des Borghi, à Rome, qui viennent régulièrement le dimanche rencontrer leur évêque au palais apostolique. Humble prélat élevé malgré lui à la dignité suprême, Pie X n'est vraiment à l'aise qu'avec les ouvriers, les artisans, les pauvres gens, les affligés de la capitale italienne.

Il a auprès de lui un homme qui est très exactement son contraire : dès le soir de son élection, il a invité le jeune et brillant secrétaire du conclave, Merry del Val, à rester près de lui. Dans les couloirs de la curie, quelques cardinaux chenus n'ont pas caché leur désappointement : un jeune homme de trente-huit ans, quasiment inconnu, même pas cardinal et, en plus, étranger ! Alors que tous les secrétaires d'État, depuis des siècles, sont italiens !

Pie X fait fi des rumeurs malveillantes et des remarques grinçantes : nommé prosecrétaire d'État, Rafael Merry del Val sera élevé à la pourpre dès le mois de novembre 1903. Les deux hommes sont complémentaires. Ainsi Merry del Val, bardé de diplômes, s'exprime-t-il couramment en français et en anglais, alors que Pie X ne parle que l'italien. Ainsi le jeune prélat a-t-il déjà sillonné l'Europe, tandis que son maître n'a pratiquement jamais quitté sa Vénétie natale. Les deux hommes ont pourtant un point commun : profondément religieux l'un et l'autre, ils sont également convaincus que le salut de l'Église et de la papauté passe par le spirituel.

Trois mois après le conclave, le nouveau pape publie sa première encyclique, où il dessine les contours de son pontificat.

C'est un programme de restauration spirituelle et pastorale. La diplomatie et la politique, c'est terminé !

> La politique de l'Église, dira-t-il souvent, c'est de ne pas faire de politique !

Le royaume de ce pape-là n'est pas de ce monde en déclin, miné par toutes les tentations païennes. Pour Pie X, qui en fait sa devise, l'essentiel est de tout ramener « *in Christo* », au Christ ! Le nouveau pape est pessimiste. Pour lui, le monde court à sa perte. Certains de ses propos sur l'« apostasie » qui menace l'humanité ont la même tonalité que certains propos que tiendra, un siècle plus tard, le pape Benoît XVI :

> La société est malade, avait écrit le cardinal Sarto avant son élection ; toutes les parties nobles de son corps sont touchées, les sources de la vie sont atteintes…

Fort de cette conviction pathétique, sûr que Dieu l'aidera dans sa tâche, Pie X va déployer une énergie considérable et mettre en chantier des réformes profondes. En onze ans, ce pape-là va publier trois cent cinquante textes fondamentaux, sans compter les trois mille deux cents textes publiés, en parallèle, par la curie. Il refonde entièrement le droit canon, restructure les dicastères, promeut le sacerdoce, renforce l'instruction religieuse, affine le catéchisme. Il marque l'histoire en généralisant la communion « fréquente » et l'accès des enfants à la sainte table dès l'« âge de raison ».

On lui doit, entre autres initiatives, un formidable développement de la musique sacrée dans toutes les églises de la chrétienté. Pie X étend à toute la planète ce que le cardinal Sarto a réussi à Venise : il codifie la musique, sélectionne des partitions, recommande des musiciens ; il bannit des églises les acclamations, les applaudissements, les instruments profanes et la langue vulgaire ; il ne ménage aucun effort pour réhabiliter le chant grégorien et la polyphonie classique. Un jour, il dit à l'un de ses visiteurs :

> Je veux que mon peuple prie sur de la beauté !

Conservateur, Pie X ? Assurément. Même sur la question sociale, qui passionne les catholiques du début du siècle, ses avancées ne sont pas sans arrière-pensées : si Pie X prône la prise en compte de la réalité ouvrière et se recommande des encycliques de Léon XIII, notamment *Rerum novarum*, c'est pour mieux combattre « les principes subversifs du libéralisme et de ses dignes enfants, le socialisme et l'anarchie ». Et s'il soutient l'éclosion de la « démocratie chrétienne », c'est pour souligner qu'elle ne doit pas se fourvoyer dans l'action politique…

Son refus de la société moderne laissera de lui l'image d'un pape très réactionnaire. Dans un premier décret intitulé *Lamentabili* (juillet 1907), mais surtout dans l'encyclique *Pascendi dominici gregis* (septembre 1907), un texte de quatre-vingt-treize pages d'une impression fine et serrée, il dénonce le modernisme comme la « synthèse de toutes les hérésies » et condamne soixante-cinq dérives où se fourvoie le monde contemporain, comme l'avait fait Pie IX quarante ans plus tôt avec le *Syllabus*. En septembre 1910, il exigera même des prêtres qu'ils prêtent un serment antimoderniste qui va causer nombre de remous internes et de cas de conscience.

Le choc de la « Séparation »

Lorsque Giuseppe Sarto devient pape, il trouve sur son bureau un des dossiers les plus explosifs de l'époque. La

France, anciennement « fille aînée de l'Église », est sur le point de rompre avec le Saint-Siège. Les républicains et autres radicaux qui dirigent le pays depuis trois décennies ont fait de la lutte contre la religion catholique un fondement de leur politique. Ils ont déjà voté des lois laïcisant l'école primaire (1882), rétablissant le divorce (1884), excluant les congrégations de l'enseignement public (1886), imposant aux clercs de faire leur service militaire (1889), etc. En 1901, ils ont voté une loi proclamant la liberté totale d'association... sauf pour les groupes religieux !

Pour le pape, cette affaire est un crève-cœur, un drame et un piège. D'abord, elle montre que les concessions faites par son prédécesseur Léon XIII à l'époque du « ralliement » étaient vaines, puisqu'elles n'ont aucunement calmé, en France, les partis de gauche et les loges maçonniques viscéralement hostiles à la religion. Ensuite, la perspective de voir l'Église universelle – ses monastères, ses églises, ses prêtres, ses écoles, ses hôpitaux, ses organisations caritatives, etc. – au ban d'un pays aussi catholique que la France est, à ses yeux, vertigineuse. Enfin, il ne faudrait pas que la réaction légitime des évêques français à cette entreprise de démolition renforce leur gallicanisme et les exonère, dans la tempête, de toute obéissance au pape !

À peine quatre mois après son élection, Pie X décide de prendre la mesure du conflit. Il écrit une longue lettre au président de la République française, Émile Loubet, pour déplorer que des « milliers de religieux et de religieuses » nés et domiciliés en France fussent forcés d'aller « chercher asile et liberté à l'étranger », et pour mettre en garde le chef de l'État contre une éventuelle séparation de l'Église et de l'État. Loubet met trois mois à lui répondre, dans une lettre plutôt sèche, qu'il est... incompétent ! À l'époque, en effet, le chef de l'État « inaugure les chrysanthèmes » – c'est le chef du gouvernement qui dirige le pays – et il n'est pas question pour lui, assure-t-il, de se mêler de ce genre de dossiers. En avril 1904, soit deux mois plus tard, le président Loubet visite Rome : il ne passe pas par le Vatican…

Le 30 juillet 1904, le cardinal Merry del Val transmet à Pie X une note verbale du chargé d'affaires français à Rome, Ferdinand de Navenne, qui signifie au Saint-Siège la rupture des relations diplomatiques avec la France. Le prétexte en est presque ridicule, tant il est secondaire : le Vatican avait convoqué pour explications le turbulent et très républicain évêque de Dijon, Mgr Le Nordez, et un autre de ses collègues, sans respecter la procédure prévue dans le concordat de 1801 qui interdisait au pape de correspondre directement avec ses évêques.

Flagrante est la disproportion entre cet incident administratif et le fait historique majeur que constitue la rupture officielle entre deux puissances liées par tous les fils de la culture, de la politique, du droit et de l'art depuis plus de mille ans ! Cette broutille diplomatique n'est qu'un avertissement annonçant, bien sûr, la séparation totale de l'Église et de l'État, laquelle va être votée par le Parlement français, sans aucune négociation préalable, le 11 décembre 1905. Interrogé par le journaliste Camille Bellaigue, Pie X racontera qu'il a appris la nouvelle par téléphone :

> Et alors, Très Saint Père qu'avez-vous fait ?
> – *Pregato !* (« J'ai prié ! »)

Pie X ne s'est pas contenté de prier. Dès le 11 février 1906, il publie une encyclique intitulée *Vehementer nos* où il dénonce « véhémentement », comme le titre l'indique, la décision des dirigeants politiques français. Le pape ne mâche pas ses mots : « Nous réprouvons et nous condamnons », martèle-t-il à trois reprises, avant d'inviter les cardinaux, archevêques et évêques français à refuser tout arrangement légal qui ferait dépendre leur liberté canonique d'un gouvernement hostile. Il sait qu'un certain nombre d'évêques seraient prêts à négocier, sans condition, pour sauver ce qui peut encore l'être, notamment sur le plan immobilier, ce que le pape appelle les « intérêts terrestres » de la religion :

> On me parle toujours des biens de l'Église, mais jamais de son bien !

Le pape n'est-il pas lui-même « prisonnier » du Vatican depuis plus de trente ans pour n'avoir pas voulu que sa propre liberté, établie par le Christ, dépende des autorités civiles italiennes ?

L'intuition du cataclysme

La grande bagarre qui se livre en France aura été un vrai souci pour le pape. Et pourtant, Pie X le pessimiste pense, au plus profond de lui-même, que les plus grandes épreuves sont encore à venir. Pour l'Église, d'abord, confrontée à tous les maux de son époque. Pour le monde, ensuite, qui aura tôt ou tard à payer pour son apostasie. Plus d'une fois, son secrétaire d'État Merry del Val l'a entendu s'écrier, en lisant le courrier et les télégrammes diplomatiques du jour :

> Qu'est-ce que cela, à côté de ce qui vient ?

Pour lui, la « grande guerre » approche, redoutable et inévitable. Un jour de mai 1914, recevant un ministre brésilien, il a ce mot étrange et prémonitoire :

> Vous êtes heureux, vous ! Vous ne verrez pas, de près, la grande guerre !

Le 2 août 1914, Pie X rédige une « exhortation aux catholiques du monde entier », une courte lettre de dix-huit lignes qui n'est qu'un cri de douleur. Le pape s'y déclare « pénétré d'angoisse quant au salut et à la vie de tant d'individus et de peuples » à une époque où, dans beaucoup de capitales européennes, nombre de soldats partent « la fleur au fusil », inconscients de ce que va être ce conflit.

Agité, nerveux, le pape ne pense plus qu'à cela. Pendant plusieurs jours, il tombe malade. Ses médecins diagnostiquent une bronchite. Mais le mal s'aggrave. Le 18 août, il demande à communier, puis se mure dans le silence, se contentant de serrer les mains de ses visiteurs. Longtemps, très longtemps, il garde contre lui la main de Merry del Val, son secrétaire d'État qui l'a si bien servi. Le 19 août, la grande cloche de Saint-Pierre sonne l'air *Pro pontifice agonisante*, afin que le peuple de Rome sache que son vieux pape vit ses derniers instants. À Merry del Val qui ordonne de lui administrer l'extrême-onction, il a cette dernière parole :

> Je suis entre les mains de Dieu, faites vite !

Le 20 août, à 1 h 15 de la nuit, le pape rend l'âme. Pie X est, en vérité, la première victime de la Première Guerre mondiale.

Onze jours plus tard, un conclave se réunit à Rome, qui n'est pas tout à fait un conclave comme les autres. D'abord, les fuites lors de la précédente élection papale, en 1903, ont laissé un mauvais souvenir : les journaux s'étaient livrés à des débauches de rumeurs, de révélations et de bruits divers, et *la Revue des Deux Mondes* avait même publié, sous pseudonyme, un compte-rendu exhaustif du conclave ! Furieux, Pie X a édicté de nouvelles règles, très strictes, pour restaurer la discipline du secret absolu : de fait, il y eut moins d'indiscrétions, on brûla vraiment tous les bouts de papiers sur lesquels les cardinaux avaient pris des notes, etc.

Par ailleurs, les cardinaux humiliés par le veto mis par l'empereur d'Autriche à l'élection du cardinal Rampolla en 1903 ont juré, toutes tendances confondues, que cette brutale intervention politique serait la dernière du genre : le privilège d'« exclusive », c'est bel et bien terminé !

Mais surtout, les cardinaux entrent en conclave au moment même où l'Europe tout entière bascule dans la guerre. C'est le 28 juin que le terroriste serbe Gavrilo Princip a tiré sur l'archiduc François-Ferdinand, héritier d'Autriche, et sur son épouse, la duchesse de Hohenberg, dans une rue de Sarajevo. C'est le 28 juillet que l'Autriche-Hongrie a déclaré la guerre à la Serbie, à laquelle la Russie avait promis son soutien. C'est le 3 août que l'Allemagne, à son tour, a déclaré la guerre à la France, alliée de la Russie. La mécanique infernale des indignations nationales et des alliances diplomatiques ne laisse aucun doute sur le déclenchement imminent d'une guerre générale aux limites inconnues.

Cardinaux et belligérants

C'est une situation inédite. Dans la chapelle Sixtine, parmi les éminences qui vont décider du sort de l'Église catholique sous l'impressionnante fresque du *Jugement dernier*, certaines appartiennent à des alliances militaires déjà constituées. Des cardinaux comme Amette, Andrieu, Luçon ou Sévin (France) ; Hartmann ou Bettinger (Allemagne) ; Csernoch, Hornig ou Skrbenský-Hríste (Autriche-Hongrie), représentent des diocèses emportés, déjà, par la folie guerrière, où des masses de malheureux sont en train de s'armer, convaincus que « Dieu est de leur côté ».

Le Sacré Collège n'est pas au complet : en sus de cinq cardinaux en mauvaise santé, les trois cardinaux nord-américains Gibbons, O'Connell et Bégin sont en route – ou plutôt en mer – et n'arriveront qu'après le vote. Il y a cinquante-sept présents. La majorité requise est donc de 38 voix. Comme d'habitude, les observateurs évaluent les chances des uns et des autres. Dans le camp conservateur, alors qualifié d'« intégriste », on trouve Merry del Val, quarante-neuf ans, digne héritier de Pie X et des antimodernistes ; le théologien De Lai, soixante et un ans, secrétaire de la congrégation des Évêques ; et surtout l'austère bénédictin Serafini, soixante-deux ans, handicapé par sa condition monastique, mais soutenu par les deux précédents. Dans le camp opposé figurent tous les anciens partisans de Rampolla désireux de prendre leur revanche sur 1903, à commencer par les cardinaux Maffi, cinquante-six ans, archevêque de Pise ; Gasparri, soixante-deux ans, le brillantissime artisan de la réforme du droit canonique, ancien professeur de droit à l'Institut catholique de Paris ; et Ferrata, soixante-sept ans, l'ancien nonce à Paris, lui aussi très apprécié des Français.

Le vote est d'autant plus incertain que la « question romaine » vient encore compliquer les clivages entre cardinaux italiens : il y a, d'un côté, ceux qui restent partisans de l'intransigeance à l'égard de l'État italien, considérant que le pape doit rester « prisonnier » du Vatican ; et, de l'autre, ceux qui souhaiteraient sortir de l'impasse par un arrangement qui ne soit pas une compromission humiliante.

En fait, dès les premiers votes, qui servent en général à opérer un « tri » initial, deux blocs se constituent autour des noms de Maffi et de Serafini, quasiment à égalité : au sixième tour, le 2 septembre, la situation paraît bloquée, les deux champions recueillant chacun entre 25 et 30 voix. Comme à chaque fois que le conclave se trouve profondément divisé en deux camps devenus adversaires, les cardinaux électeurs écartent le risque d'élire le candidat d'une faction contre une autre et cherchent un candidat de compromis.

Au premier tour, quelques voix s'étaient spontanément portées vers Giacomo Della Chiesa, cinquante-neuf ans, archevêque de Bologne. Cet ancien collaborateur de feu le cardinal Rampolla, cardinal depuis trois mois, modéré de réputation, serait-il susceptible d'être accepté, même avec quelques grimaces, par les deux camps ? Surprise : la réponse est affirmative. Le conclave n'hésite pas longtemps. Va pour Della Chiesa ! Le vendredi 4 septembre, à 11 heures du matin, l'Église annonce qu'elle a un nouveau chef :

Habemus papam !

En réalité, l'archevêque de Bologne a atteint, la veille au soir, la barre fatidique des 38 voix, mais les cardinaux ont souhaité conforter son score par un scrutin supplémentaire. Pourquoi cet outsider, qui ne figurait pas dans les listes de *papabili*, a-t-il été aussi facilement élu ? Parce que Della Chiesa est, d'abord, un diplomate. Et que le Sacré Collège, aux premiers coups de canon de la guerre mondiale, sent que le Saint-Siège aura besoin d'un bon connaisseur des relations internationales…

Une formation de diplomate

Giacomo Della Chiesa, au nom prédestiné (*chiesa* veut dire « église » en italien), est né près de Gênes en novembre 1854.

Son père Giuseppe est marquis ; sa mère, née Migliorati, est d'ancienne noblesse napolitaine. Il n'est pas étonnant qu'un jeune homme de si bonne famille ait été poussé à faire de brillantes études de droit et qu'il soit entré directement, après son ordination, à l'Académie des nobles ecclésiastiques, piazza della Minerva, à Rome : c'est la filière la plus prestigieuse pour faire carrière au Vatican. Docteur en droit canonique, le jeune prélat est remarqué par le cardinal Rampolla, secrétaire de l'établissement, qui l'emmène avec lui à la nonciature de Madrid et qui le reprendra à son service, comme secrétaire, puis comme substitut, quand il deviendra lui-même le secrétaire d'État de Pie X. Difficile d'acquérir meilleure formation !

En Espagne, Della Chiesa a participé à une opération diplomatique peu banale, dont il gardera toujours l'exemple en mémoire : en 1885, le pape Léon XIII a mené une médiation entre l'Espagne et l'Allemagne pour désamorcer le conflit qui opposait ces deux grandes nations chrétiennes à propos des îles Carolines, un petit archipel perdu dans l'océan Pacifique, du côté des Philippines. Au-delà de l'enjeu mineur représenté par ce territoire qui sera attribué à l'Espagne, laquelle finira par le vendre à l'Allemagne, c'est la capacité du pape à jouer les arbitres sur la scène internationale qui a passionné Della Chiesa.

Giacomo Della Chiesa, qui entre dans sa soixantième année, est un peu une énigme : son visage est impénétrable et toujours souriant, comme il sied à un diplomate. Il est de petite taille, mais son allure est distinguée et ses yeux sont vifs sous ses lunettes d'or. Il parle plusieurs langues à la perfection, dont le français. Il respire l'intelligence, il a une santé de fer, on le crédite d'une prodigieuse mémoire, et ceux qui ont travaillé avec lui savent qu'il est laborieux et déterminé.

De fait, le jour de son élection, le nouveau pape prend trois décisions. D'abord, il choisit de s'appeler Benoît, en souvenir du pape Benoît XIV qui avait été naguère, lui aussi, archevêque de Bologne : en réalité, c'est une façon élégante de dire qu'il ne sera ni le continuateur de Pie ni le successeur de Léon. Ensuite, il nomme le cardinal Ferrata à la secrétairerie d'État – mais celui-ci mourra en octobre et c'est Pietro Gasparri, un autre juriste, qui héritera de cette fonction.

Mais surtout, le nouveau pape proclame la neutralité du Saint-Siège. Son prédécesseur, Pie X, avait déjà fixé la ligne, début août, lorsque l'ambassadeur d'Autriche-Hongrie, Hans von Schönburg-Hartenstein, avait sollicité une audience pour lui demander de bénir les armées impériales. Le vieux pape malade, indigné, s'était mis en colère :

> Le pape bénit la paix, monsieur, et seulement la paix !

L'ambassadeur était reparti piteux, la mine défaite, vers son palais de la piazza Venezia.

La neutralité sera donc la règle. Le soir même de son élection, Benoît XV ordonne de publier sa décision dans *l'Osservatore romano*. Non sans mesurer les conséquences de cet acte : un pays « neutre », au regard de la conférence internationale de La Haye en 1907, doit faire preuve d'*impartialité* et d'*abstention*. Benoît XV sait que ces deux impératifs seront difficiles à respecter.

« Pape boche » ou « pape français » ?

La guerre éclate. Le 1er novembre, le nouveau pape publie sa première encyclique, *Ad beatissimi*, qui, déjà, en appelle « à la fin de cette guerre si désastreuse ». Mais le pape prêche dans le désert. Personne ne l'écoute. On l'entend d'autant moins dans les milieux civils que Benoît XV, dans la ligne de son prédécesseur, considère la société moderne, laïque et libérale comme le « mal funeste » qui est la « vraie cause » du conflit. Ce langage-là, peu de chefs politiques ou militaires sont disposés à l'entendre.

La neutralité du Saint-Siège est un piège qui va se refermer sur le pape. Pour respecter son choix, Benoît XV s'interdit de condamner l'invasion de la Belgique et les crimes de guerre commis par les Allemands lors de leurs premières campagnes – y compris le bombardement de la cathédrale de Reims ! Lorsque *l'Osservatore romano* évoquera les massacres perpétrés au cours de l'offensive allemande, les prêtres sauvagement assassinés par les soldats du Reich ne seront pas mentionnés comme « fusillés », mais comme « tombés » au champ d'honneur ! Belges et Français, croyants ou non, vouent Benoît XV aux gémonies. Les critiques pleuvent sur le dôme de Saint-Pierre : qu'est-ce que ce pape qui ne fait pas la différence entre un pays agresseur et un pays agressé ? N'est-il pas dans ses responsabilités de distinguer le bien du mal ? L'écrivain Léon Bloy le surnomme « Pilate XV », et Clemenceau l'appelle le « pape boche ».

À Rome, les représentants des puissances belligérantes ne sont pas à égalité. Le gouvernement français paie sa récente rupture diplomatique par une absence très remarquée dans les couloirs du Vatican. Alors que l'ambassadeur de Prusse, Otto von Mühlberg, le chargé d'affaires de Bavière, le baron Ritter, et l'ambassadeur autrichien von Schönburg-Hartenstein passent leur temps en audiences papales et en rencontres plus ou moins amicales avec le secrétaire d'État ou les cardinaux de curie – à demander, par exemple, pourquoi Sa Sainteté ne soutient pas davantage la très catholique Autriche-Hongrie face à la Russie orthodoxe, l'Angleterre protestante et la France laïque !

Pourtant, Allemands et Autrichiens sont, eux aussi, en colère contre le pape. La compassion qu'il a exprimée – tardivement – à l'égard de la Belgique envahie a été considérée comme une désolante provocation antigermanique. Le chef d'état-major allemand, Erich Ludendorff, le qualifie de « pape français ».

Pape boche ? Pape français ? Le 22 janvier 1915, devant les cardinaux réunis en consistoire, Benoît XV justifie son attitude :

> Nous réprouvons grandement toute injustice de quelque côté qu'elle puisse avoir été commise, mais impliquer l'autorité pontificale dans les différends propres aux belligérants ne serait certainement ni convenable ni utile !

La défaite du Saint-Siège

Peut-il faire autrement ? Comment le pape pourrait-il prendre parti quand toute l'Europe en guerre « ruisselle du sang chrétien » ? Comment pourrait-il, lui, le « père des catholiques », ne pas « embrasser tous ses enfants » dans un même « sentiment de charité » et leur témoigner « une égale sollicitude » ?

Politiquement, il a essayé d'éviter l'entrée en guerre de l'Italie, liée à l'Allemagne et à l'Autriche-Hongrie depuis 1892 : le voilà accusé de vouloir protéger l'Autriche d'une attaque italienne ! À plusieurs reprises, Benoît XV publie des projets de paix négociée, en vain. Il a lancé un appel à une trêve de Noël que personne, ou presque, n'a respectée. Il a proposé d'organiser l'échange des prisonniers blessés ou hors de combat, les belligérants l'ont fort peu écouté.

Le 1er août 1917, avec solennité, il adresse aux dirigeants des puissances en guerre une lettre intitulée *Exhortation à la paix*, où il propose un plan complet de cessez-le-feu et de règlement des contentieux territoriaux. « Pas question de faire des concessions », réplique-t-on du côté allemand, où l'on sent le vent tourner. « Trop tard », répond-on chez les Alliés, qui voient s'inverser le sort de la guerre.

Benoît XV est amer. On le dit proche de l'abattement. Mais il s'obstine, car il poursuit un autre objectif, capital à ses yeux : quel que soit le vainqueur de ce conflit imprévisible et meurtrier, il faudra bien, tôt ou tard, conclure une paix qui satisfasse les nations exsangues. Et Benoît XV entend bien que le Saint-Siège, ce jour-là, joue le même rôle qu'au congrès de Vienne en 1815.

Comment pourrait-il imaginer qu'en échange de son engagement aux côtés de la France, de l'Angleterre et de la Russie, le gouvernement italien a fait adopter, au congrès de Londres en avril 1915, une clause secrète – l'article 15 – excluant toute participation du Vatican aux futures négociations de paix ? Quand les bolcheviks arriveront au pouvoir en Russie, en novembre 1917, ils vendront la mèche. Benoît XV est profondément affecté par cette révélation. Il a du mal à admettre que les Anglais et les Français l'ont bel et bien trompé, lui, le pape ! Et que, malgré tous ses efforts, le Saint-Siège ne sera pas signataire du futur traité de Versailles.

Quand le monde fait le bilan de la Grande Guerre, quand les nations célèbrent le véritable commencement du XXe siècle, le pape Benoît XV a du mal à cacher son amertume : le Vatican vient de connaître la plus grande défaite diplomatique de son histoire moderne.

Face à Hitler et à Mussolini…

Loin d'avancer indéfiniment dans la voie du progrès, l'humanité semble retourner à la barbarie.

Pie XI

Quand il arrive à Rome, ce 24 janvier 1922, le cardinal Achille Ratti, archevêque de Milan, ne peut réprimer une profonde émotion. D'abord, c'est la première fois qu'il retrouve la Ville éternelle depuis le consistoire qui l'a fait cardinal, six mois plus tôt, juste après son retour de Varsovie. Ensuite, personne ne s'attendait à ce que le pape Benoît XV meure brusquement d'une pneumonie, le 22 janvier, et qu'il faille lui désigner si tôt un successeur. Enfin, comme il fait désormais partie du Sacré Collège, il fait aussi partie des électeurs du prochain pape, ce qui n'est pas une mince responsabilité. Il sera d'ailleurs, à soixante-quatre ans, un des benjamins du conclave.

La ville, en revanche, ne l'impressionne pas. Il la connaît par cœur. D'abord, c'est là qu'il a fait ses études supérieures. Né dans la banlieue de Milan, fils d'un petit industriel du textile, ancien élève du séminaire Saint-Charles-Borromée de Milan, ordonné prêtre en 1879, le jeune Achille Ratti a passé trois ans dans les amphis romains de la Grégorienne, de la Sapienza et de l'académie Saint-Thomas pour y décrocher, à l'âge de vingt-cinq ans, trois doctorats – philosophie, théologie, droit canon – avec des notes si élevées qu'elles lui valurent d'être reçu par le pape Léon XIII en personne !

Ce jeune abbé surdoué, éclectique et polyglotte fut embauché en 1888 par la prestigieuse bibliothèque Ambrosienne de Milan, dont il prit bientôt la direction et où il passa trois décennies. Trente-deux ans de bonheur ! La lecture, la recherche, la conservation, les relations avec les érudits de toute l'Europe : pour cet amoureux des livres, c'était la vie rêvée. Découvrir et traduire le manuscrit original des méditations de Charles Borromée sur les exercices spirituels de saint Ignace, quelle extase !

Mais les monnaies anciennes, les manuscrits arabes et les incunables bénédictins ne suffisaient pas à ce génial touche-à-tout. Les Alpes ne sont pas loin de Milan, ce qui permettait à l'abbé Ratti de satisfaire sa seconde passion : l'alpinisme. On le voit, sur certaines photos de l'époque, coiffé d'un bonnet de laine, les jambes enveloppées dans des molletières, un alpenstock à la main, entre un guide et un compagnon de cordée. Que d'efforts n'aurait-il pas consentis pour contempler l'infinie beauté du mont Rose, dans les premières lueurs de l'aube, depuis le célèbre refuge Marinelli ? N'a-t-il pas réussi quelques « premières » comme la pointe Dufour, le plus haut sommet des Alpes suisses (4634 m), et bien d'autres ? La voie italienne pour accéder au sommet du mont Blanc par les Aiguilles-Grises n'est-elle pas appelée « voie du pape » pour avoir été ouverte, dans sa jeunesse, par Achille Ratti en personne ?

L'alpiniste-bibliothécaire aurait sans doute passé le reste de sa vie à escalader les pentes du Val-d'Aoste et les rayonnages haut perchés de l'Ambrosienne si le pape Pie X, en 1911, ne l'avait pas nommé vice-recteur de la Bibliothèque vaticane. En 1914, le nouveau pape, Benoît XV, le promeut recteur de l'établissement. Pour un bibliothécaire, c'est la consécration. Le voilà au sommet de son art. Mais la guerre qui éclate bouleverse projets et carrières: Ratti le polyglotte est bombardé diplomate. En 1918, il est envoyé sur le front polono-russe comme visiteur apostolique, puis, l'année suivante, nommé nonce à Varsovie, où il est sacré archevêque en présence du nouveau chef de l'État, le maréchal Piłsudski en personne.

Son courage physique – il reste à son poste lorsque les Soviétiques encerclent, en août 1920, la capitale polonaise – et son sens politique lui valent considération et sympathie du côté de la curie: c'est son nom qu'on avance pour succéder à la tête de l'archidiocèse de Milan au vieux cardinal Ferrari, mort un an auparavant. À soixante-quatre ans, Mgr Achille Ratti se retrouve, sans l'avoir cherché, à la tête d'un des plus puissants archevêchés de la chrétienté. Avec le chapeau de cardinal, qui fait de lui un des électeurs du prochain pape.

L'empreinte de Benoît XV

Benoît XV est mort le dimanche 22 janvier 1922, à soixante-sept ans. Personne ne s'attendait à un décès si rapide. Si Giacomo Della Chiesa n'était pas un grand sportif, il n'était pas plus chétif qu'un Léon XIII, mort… à quatre-vingt-treize ans. Le « catarrhe bronchial grippal » signalé par *l'Osservatore romano* du 18 janvier ne présentait aucun caractère de gravité. Des dizaines de milliers d'Italiens n'étaient-ils pas victimes, à l'époque, d'une épidémie de grippe? L'un des médecins personnels du pape, le docteur Battistini, avait même noté, le lendemain, que la fièvre avait diminué. Mais voici qu'une pneumonie se déclare, que le pouls s'accélère, que le malade étouffe. Ce n'est pas encore dramatique, mais Benoît XV, le 20 janvier, tient à recevoir l'extrême-onction et à rédiger son testament.

Sages précautions : la nuit suivante, le cœur commence à flancher, le malade délire, les médecins admettent leur impuissance, au point que le 21 au matin, un peu avant 10 heures, le cardinal Gasparri, secrétaire d'État, annonce aux diplomates rassemblés dans l'antichambre que « le pape a virtuellement cessé d'exister ». Regrettable maladresse : en Allemagne, en Angleterre, des oraisons funèbres sont prononcées, on sonne les cloches des églises ! Or, le pape n'est pas mort. Avisant Mgr Pizzardo, le substitut, venu le veiller, il s'écrie gaiement :

> Nous allons mieux ! Nous allons mieux !

Au soir du 21 janvier, le pape demande à communier et bénit son entourage. Il souffre beaucoup. Alors que le docteur Battistini l'ausculte, il hausse la voix :

> Nous offrons volontiers notre vie pour la paix du monde !

Ce sera sa dernière parole audible. Le vieillard, ensuite, entre en agonie. Les consultations des médecins sont suspendues. Cette fois, il n'y aura pas de rémission. Le dimanche matin, un peu après 6 heures, le docteur Cherubini constate officiellement le décès du Saint-Père.

Les hommages rendus à ce pape mal aimé, notamment dans la presse internationale, sont étonnamment positifs. S'il a marqué les années de guerre par son pacifisme et s'il a été beaucoup critiqué pour cela, Benoît XV aura aussi laissé son empreinte sur trois dossiers importants.

⅄ Après l'occupation de Rome par les troupes du Directoire, le pape Pie VI, prisonnier des Français, traverse les Alpes jusqu'à Valence où il mourra en août 1799, à 82 ans.

⅄ Jacques-Louis David, *Le Sacre de Napoléon* (détail). Le 2 décembre 1804, Pie VII fut invité à bénir l'empereur, mais pas à lui remettre la couronne...

⅄ Ouverture solennelle de l'année sainte en 1825 par Léon XII, élu deux ans plus tôt.

⅄ Pie VIII, peint par Horace Vernet en 1829. Malade, il mourra en 1830.

▲ Grégoire XVI, peint par Paul Delaroche. Ancien moine camaldule, il mourra en 1846.

⅄ Pie IX visitant les prisonniers garibaldiens du château Saint-Ange en 1867. Deux ans plus tard, l'unification italienne mettra fin aux États pontificaux.

Léon XIII, élu en 1878, sera le pape du « ralliement » à la République et de l'encyclique *Rerum novarum*.

Pie X, élu en 1903, prit pour secrétaire d'État le jeune et brillantissime Merry del Val.

▲ Benoît XV, élu en 1914, sera traité de « pape boche » par les Français… et de « pape français » par les Allemands !

⅄ Pie XI, qui lutta contre le fascisme et le nazisme.
(Couverture du magazine *VU* du 17 juin 1931.)

Pie XII, le pape des grands fracas du XXe siècle, élevait chez lui des oiseaux.

⅄ Ouverture du concile Vatican II par Jean XXIII, le 11 octobre 1962.

© MP/ Leemage

⅄ Paul VI, le premier pape ayant voyagé hors d'Italie, a effectué une visite houleuse à Jérusalem en janvier 1964.

⅄ Jean-Paul Ier, le sympathique « pape au sourire », n'aura régné que trente-trois jours.

⅄ Jean-Paul II, skis aux pieds, en haut des pistes du massif de l'Adamello, en 1984.
© Italfoto/ Sipa

Benoît XVI, le premier pape allemand, jouant du piano dans ses appartements, en 2006.
© Galazka/ Sipa

D'abord, fort de l'engagement irréprochable des catholiques sous l'uniforme italien, il les a encouragés à participer à la vie politique dans la péninsule : sous la conduite d'un prêtre sicilien, Luigi Sturzo, le Partito popolare, première esquisse de la future Démocratie chrétienne, a gagné cent trente sièges aux élections législatives de 1919, ce qui constitue un tournant dans les rapports entre l'Église et l'État italien.

Ensuite, Benoît XV a régénéré les missions étrangères, notamment en Afrique, en appelant les prêtres et religieux européens à oublier leurs nations en guerre, à se fondre davantage dans les cultures locales et à s'entourer de futurs responsables choisis parmi les autochtones. C'est grâce à Benoît XV si le pape Pie XI, en 1926, pourra ordonner les six premiers évêques chinois.

Enfin, c'est ce pape qui a réconcilié le Vatican avec la France, quinze ans après la Séparation. Benoît XV a canonisé Jeanne d'Arc en 1920 et, au cœur de l'été 1921, a rouvert une nonciature à Paris, au 18 de la rue Vaneau, où il a envoyé un de ses meilleurs diplomates, Mgr Bonaventure Cerretti. C'est le même Cerretti qui, en 1923, installera la nonciature en bas de l'avenue du Président-Wilson – alors avenue du Trocadéro – dans l'hôtel particulier qui avait été celui du prince Albert de Monaco, où elle se trouve toujours.

Zelanti et *politicanti*

Le conclave s'ouvre le 2 février 1922, jour de la Chandeleur. Achille Ratti et cinquante-deux autres cardinaux – les Américains ne sont pas encore arrivés – se retrouvent dans la chapelle Sixtine. Le Sacré Collège est divisé, une fois de plus, entre partisans de la restauration d'une Église puissante, les *zelanti*, et ceux qui plaident pour un rapprochement avec le monde réel, les *politicanti*. Les premiers, emmenés par le Néerlandais Van Rossum, le jésuite français Billot et l'Italien De Lai, ont un candidat de poids : l'incontournable Merry del Val, seulement âgé de cinquante-sept ans. Les seconds, vers lesquels penche le doyen du collège cardinalice, Vincenzo Vannutelli, se retrouvent autour du secrétaire d'État sortant, le cardinal Gasparri, âgé de soixante-neuf ans.

Mais au fil des premiers scrutins, ni l'un ni l'autre ne s'impose. Les deux camps hésitent : les *zelanti*, après avoir avancé en vain le nom de Merry del Val, poussent le très conservateur patriarche de Venise, La Fontaine, soixante et un ans ; les *politicanti* se partagent entre Gasparri et le très libéral archevêque de Pise, le cardinal Maffi, soixante-trois ans. Nouveau blocage : au quatrième jour du conclave, le huitième tour de scrutin donne, presque à égalité, 22 voix à La Fontaine et 24 à Gasparri – les chiffres sont à prendre avec prudence, la plupart des participants ayant respecté le secret requis, mais ceux-là ont été retrouvés dans les papiers du cardinal La Fontaine après sa mort.

Comme toujours dans ce cas, les cardinaux ont peur de provoquer une fracture entre les deux partis et se mettent à chercher un candidat de compromis qui ne soit pas trop affilié à une tendance. Le cardinal Ratti, qui a recueilli quelques voix lors des premiers votes, sera celui-là. C'est Gasparri lui-même qui suggère cette solution. Le 6 février, au quatorzième tour de scrutin, Ratti obtient 42 voix et l'emporte définitivement sur La Fontaine.

Achille Ratti est abasourdi. Il comprend qu'il ne repartira pas pour sa chère ville de Milan. Quand le doyen Vannutelli lui demande solennellement s'il accepte son élection, il s'enferre dans des propos tarabiscotés :

> Il ne faut pas qu'on puisse dire que j'ai refusé d'acquiescer sans réserve à la volonté divine, il ne faut pas qu'on puisse dire que je me suis dérobé à un fardeau qui devait peser sur mes épaules, il ne faut pas qu'on puisse dire que je n'ai pas apprécié les votes de mes collègues…

Les cardinaux retiennent leur souffle :

> … aussi, malgré mon indignité, dont j'ai le sentiment profond, j'accepte !

Ouf ! Le soulagement est général dans la Sixtine. Mais le nouvel élu provoque aussitôt l'étonnement. D'abord parce qu'il choisit de s'appeler Pie XI, en signe de continuité avec Pie IX et Pie X, alors qu'on s'attendait à ce qu'il choisisse de s'appeler Léon XIV ou Benoît XVI. Ensuite parce qu'il viole spectaculairement un tabou :

> Je veux que ma première bénédiction s'adresse au monde entier, aussi je la donnerai depuis le balcon extérieur de Saint-Pierre.

C'est un geste historique. La dernière fois qu'un pape s'est adressé ainsi à la foule des Romains depuis la loggia des bénédictions, c'était Pie IX en 1846. Tous les successeurs – Léon XIII, Pie X, Benoît XV – ont procédé à leur première bénédiction depuis la loggia intérieure de Saint-Pierre, pour mieux rappeler le statut de « prisonnier » du pape depuis l'invasion des États pontificaux en 1870.

Les dirigeants italiens se frottent déjà les mains : par cette bénédiction *urbi et orbi*, le nouveau pape va-t-il débloquer, de lui-même, l'inextricable « question romaine » qui empoisonne l'atmosphère depuis un demi-siècle ? C'est encore trop tôt : l'élu du conclave fait siennes « les réserves concernant les droits inviolables de l'Église et du Saint-Siège qu'il a juré de soutenir et de défendre ». Un coup à droite, un coup à gauche. À peine élu, Pie XI montre qu'il sera un pape très politique.

Les accords du Latran

Pie XI, il est vrai, entend régler la « question romaine ». Mais pas à n'importe quel prix. La guerre 1914-1918 a changé la donne. D'abord, il ne fait de doute pour personne que les catholiques ont été, dans la tourmente, d'aussi valeureux patriotes que les autres Italiens. La coupure entre « monde noir » et « monde blanc », à Rome, est un vestige du passé. Qui serait assez fou pour fomenter, en secret, le rétablissement des États pontificaux ? À vrai dire, dans la population, rares sont les gens qui savent pourquoi le pape, depuis un demi-siècle, se refuse à sortir de son palais.

Le temps de la *conciliazione* paraît proche. En rédigeant sa première encyclique, *Ubi arcano Dei*, le nouveau pape parle de l'Italie comme de sa « très chère patrie ». Il appelle à trouver une solution raisonnable, qui n'aura rien à voir, précise-t-il, avec une quelconque revendication proprement territoriale. Mais le texte de l'encyclique ne sortira qu'à la veille de Noël. Un contretemps s'est produit, qui jette l'Italie dans une nouvelle aventure, fort incertaine : le 22 octobre, à l'issue d'une « marche sur Rome » plus symbolique que guerrière, Mussolini et ses Chemises noires fascistes se sont vu remettre le pouvoir par le roi Victor-Emmanuel III.

Le fascisme, obstacle inattendu à la résolution de la « question romaine » ? Pas sûr. Le secrétaire d'État, Pietro Gasparri, se rappelle qu'il a rencontré un jour, dans un dîner offert par un sénateur catholique, un député nommé Benito Mussolini, qui lui avait donné des assurances étonnantes. Quand l'élu fasciste s'était déclaré en faveur d'une souveraineté temporelle du pape sur une parcelle du territoire romain, le cardinal l'avait repris, d'un air navré :

> Mais, monsieur le député, vous ne pourrez pas faire voter cela par la Chambre !
> – Eh bien, avait répondu Mussolini, on changera la Chambre !
> – Mais si vous changez la Chambre sans changer la loi électorale, les électeurs vous renverront la même Chambre !
> – Eh bien, on changera la loi électorale !

C'est ce député fanfaron qui vient de prendre le pouvoir et qui multiplie, pour ne pas heurter les catholiques, les gestes de conciliation en direction des fidèles : rétablissement de l'instruction religieuse à l'école et des crucifix dans les tribunaux, législation plus favorable au mariage, facilités annoncées en prévision de l'« année sainte » 1923, etc. Dans les couloirs de la curie, on s'interroge : peut-être le moment est-il venu de poser la question du statut du pape ? Un régime autoritaire, affranchi des procédures parlementaires, n'aura-t-il pas plus de facilité à imposer une entente ?

Dans la plus extrême discrétion, des négociations s'engagent entre un conseiller d'État proche du Duce et un juriste catholique, Francesco Pacelli, qui n'est autre que le frère du futur Pie XII. En 1927, un accord est sur le point d'être conclu, mais il bute sur la volonté des fascistes de garder le monopole des organisations de jeunesse, condition inacceptable aux yeux de Pie XI : pour ce champion de l'Action catholique, se priver de mouvements de jeunes catholiques n'est pas imaginable. Il faudra encore deux années de tractations en coulisse pour que le pape donne son feu vert.

Le 11 février 1929, à midi, le président du Conseil Benito Mussolini (au nom du roi) et le cardinal secrétaire d'État Pietro Gasparri (au nom du pape) se retrouvent dans le palais du Latran pour signer une série d'accords qui mettent fin à la « question romaine ». D'un côté, le pape reconnaît que Rome est la capitale de l'Italie. De l'autre, il se voit doté d'un pouvoir temporel, symbolisé par un territoire de quarante-quatre hectares nommé Città del Vaticano, la « Cité du Vatican », qui englobe aussi trois basiliques et plusieurs bâtiments romains, ainsi que le domaine de Castel Gandolfo. C'était la condition exigée depuis soixante ans pour que la papauté ne soit pas dépendante de l'État italien.

Le pape n'est donc plus « prisonnier » de son palais. Le 25 juillet, Pie XI accomplit sa première sortie en portant solennellement le saint sacrement tout autour des colonnades du Bernin qui bordent la place Saint-Pierre. Puis, le 20 décembre, il traverse Rome en voiture jusqu'à la basilique Saint-Jean-de-Latran, pour y célébrer l'anniversaire de son ordination. Il a préféré s'y rendre avant l'aube, pour éviter tout débordement d'enthousiasme populaire, mais dès 7 heures du matin, dans le froid, une foule de fidèles se massent devant l'entrée de la basilique, heureux de voir l'évêque de Rome reprendre ainsi possession de son église, de sa chaire, de son trône :

Viva il papa ! Viva il papa !

Un collaborateur émérite

Les accords du Latran furent le couronnement de la carrière de Pietro Gasparri. Peu impressionné par les grands de ce monde, souvent jovial, parfois retors, ce fils d'un modeste paysan des Marches était devenu un juriste éminent – il enseigna le droit international à l'Institut catholique de Paris – et un diplomate hors pair. Il avait été nommé secrétaire d'État par Benoît XV en 1914, puis renouvelé dans ce poste par Pie XI en 1922.

Quelques mois après la résolution de la « question romaine », le vieux cardinal demanda à quitter la secrétairerie d'État, où il avait passé plus de quinze ans. La promulgation du code de droit canon, la signature des nombreux concordats passés avec des États européens, l'organisation systématique des missions dans le monde, c'était l'œuvre de Gasparri.

Pour remplacer une telle personnalité, Pie XI choisit un autre homme exceptionnel, également juriste et diplomate : Eugenio Pacelli, cinquante-quatre ans, qui avait été la recrue, le serviteur, le collaborateur, le « poulain » de Pietro Gasparri avant d'en être le bras droit. Déjà, en 1905, alors qu'il n'était que secrétaire de la congrégation pour les Affaires ecclésiastiques extérieures, le « ministère des Affaires étrangères » du Saint-Siège, Gasparri avait confié à ce jeune et brillant juriste de vingt-neuf ans le suivi du dossier français de la séparation entre l'Église et l'État. À la même époque, il l'avait étroitement associé à la préparation du nouveau code de droit canon, son grand œuvre. Le même Gasparri avait aussi confié à Pacelli la mise au point du concordat avec la Serbie (1914), l'un des quarante concordats conclus par le Saint-Siège dans le premier tiers du XXe siècle. Envoyé comme nonce à Munich, puis à Berlin, Pacelli négociera trois autres concordats avec la Bavière (1924), la Prusse (1929) et le Bade (1932).

Il a de qui tenir, Eugenio Pacelli ! Dans sa famille, on a assidûment servi la papauté pendant trois générations. Son grand-père Marcantonio, ministre du pape Grégoire XVI, fut le fondateur de *l'Osservatore romano.* Son père Filippo, avocat auprès du Tribunal de la sainte Rote du temps de Pie IX, fut doyen des avocats du Saint-Siège. Son frère aîné Francesco fut, on l'a vu, le principal négociateur civil des accords du Latran. Personne ne s'est étonné, autour de la table familiale, de voir le jeune Eugenio choisir la carrière ecclésiastique et devenir un des meilleurs juristes de sa génération.

Il ne faudrait pas croire qu'Eugenio Pacelli, une fois nommé secrétaire d'État, devînt une sorte de vice-pape. Même Gasparri, au sommet de sa puissance, n'aurait pu prétendre à ce titre. Car Pie XI était à la fois un bourreau de travail et un puits de science qui faisait tout, vérifiait tout, relisait tout. Très personnel, centralisateur, méticuleux, Pie XI avait du mal à déléguer, et ses collaborateurs faisaient parfois les frais de colères mémorables, parfois déconcertantes. Un jour, un cardinal de la curie lui expliqua qu'il avait volontairement tardé à l'informer d'une affaire, parce qu'il voulait entendre les différents sons de cloche sur le sujet :

> Que voulez-vous dire ?, s'écria Pie XI. À Rome, il n'y a qu'une cloche, et c'est le pape !

C'est seulement pendant l'hiver 1936-1937, lorsque Pie XI est tombé gravement malade, que le cardinal Pacelli a vu sa notoriété croître sensiblement, à l'intérieur de l'Église et dans le reste du monde.

Miracle au Vatican

Vendredi 4 décembre 1936. En cette ouverture du temps liturgique de l'avent, le pape aurait dû assister aux derniers « exercices spirituels » prêchés, depuis dimanche, par le prédicateur de la maison pontificale, le père Vigile de Valstagna. Jamais, en quatorze ans de pontificat, Pie XI n'a manqué ce rendez-vous. Pour éviter au pape une fatigue inutile, ces « exercices » ont été organisés au troisième étage du palais apostolique et non, comme à l'accoutumée, dans la chapelle de la Princesse-Mathilde. En vain. Dans le salon carré tendu de damas cramoisi où se sont retrouvés cardinaux, prélats, secrétaires et camériers du pape, le grand fauteuil de velours galonné d'or est resté vide.

À la fin de la cérémonie, le cardinal Pacelli, secrétaire d'État, a tiré de sa soutane une feuille de papier qu'il a lue, en italien, au milieu d'un lourd silence. L'absence du Saint-Père est due, explique-t-il, à une « indisposition locale » (« *un disturbo locale* »). Le jour même, les cinquante-sept nonces apostoliques, aux quatre coins de la planète, reçoivent un message chiffré de la secrétairerie d'État : le pape est malade. En quelques jours, la nouvelle atteint les mille six cents archevêchés et évêchés qui représentent alors, dans le monde entier, quelque trois cents millions de fidèles. Il n'est pas fréquent que la santé du pape fasse l'objet d'un communiqué.

Pie XI aura bientôt quatre-vingts ans : il n'y a pas de quoi s'étonner. Sauf que ce pape-là a toujours été d'une santé robuste et d'un tempérament vigoureux. Malgré ses petites lunettes rondes d'intellectuel, il n'a rien d'un « rat de bibliothèque » : habitué à la marche et au grand air, il n'a jamais eu, de sa vie, le moindre malaise ! Certes, avec l'âge, sa démarche s'est appesantie, son pas s'est fait plus lent. Des difficultés rénales, un cœur plus faible, des jambes enflées, un début de goutte, l'ont même contraint, depuis quelques mois, à circuler en chaise à porteurs.

Tout au long de l'été 1936, le pape avait mis à profit le calme de Castel Gandolfo, où ce petit-fils de paysan lombard a fait bâtir une ferme modèle, pour se refaire une santé.

Chaque jour, non sans courage, il a volontairement transpiré en plein soleil, afin d'éliminer toutes les toxines empoisonnant son organisme. Ce traitement aussi naturel que violent l'a remis en forme, en effet, à la rentrée de septembre. Comme s'il avait retrouvé son dynamisme et son entrain, le pape travaille, reçoit et bénit à son habituel rythme effréné, épuisant secrétaires et camériers.

Mais trois mois plus tard, il faut se rendre à l'évidence : Pie XI va mal. Très mal. Son médecin, le docteur Amyntas Milani, a diagnostiqué une artériosclérose prononcée, des varices avec plaies ulcérées, des suintements à la jambe gauche, le tout accompagné d'une inquiétante faiblesse cardiaque, d'un emphysème pulmonaire et de rhumatismes déjà anciens. Le pape, buté, a ignoré tous ces maux jusqu'au-delà du raisonnable. Aujourd'hui, il n'est plus question qu'il se promène, qu'il célèbre ou qu'il reçoive quiconque.

Une ambiance de fin de règne

Le docteur Milani, archiatre de Sa Sainteté, s'est installé à demeure au palais apostolique, interdisant toute visite. À quelques rares exceptions près : le cardinal Pacelli, secrétaire d'État, vient entretenir Pie XI chaque matin, à 9 heures et demie, des affaires de l'Église ; la sœur du Saint-Père, donna Camilla, a été autorisée à le voir, ainsi que son neveu ; ses deux secrétaires, Mgr Confalonieri et Mgr Venini, lui disent la messe, lui lisent des prières ainsi que journaux et livres profanes ; et d'autres médecins, comme son ami le père Gemelli, de Milan, viennent compléter les examens et les diagnostics du malheureux Milani. Toutes les autres personnalités religieuses ou civiles demandant audience sont reçues par Pacelli à l'étage inférieur.

Les 5 et 6 décembre, les journalistes du monde entier sont arrivés nombreux à Rome, flairant la fin de règne. Une agence de presse américaine a loué pour six mois, à prix d'or, le seul appartement vacant de la place Rusticucci – appelée à disparaître en 1950 lors du percement de la via della Conciliazione – qui permet d'avoir vue directe sur la porte de Bronze, principale entrée de la Cité du Vatican. Déjà les premières listes de *papabili* circulent : Pacelli, Maglione, Tedeschini, etc. Privés d'informations, les journalistes lancent, reprennent ou décryptent les rumeurs, y compris celles qui annoncent la mort du pape. Quand l'une d'entre elles arrive aux oreilles de Pie XI, il réagit par l'humour :

> L'expérience l'a prouvé : rien ne conserve davantage que ces rumeurs !

Interrogé le 8 décembre à l'issue d'une messe dite à Saint-Pierre, le cardinal Pacelli ne cache pas la réalité :

> Le Saint-Sère a pu prendre son petit déjeuner normalement. Tout va bien, donc. Mais le pape est âgé de quatre-vingts ans, et c'est bien cela qui nous inquiète…

Pacelli est réaliste. Et camerlingue. Et *papabile*. Non seulement c'est lui qui devra organiser l'intérim le jour où Pie XI disparaîtra, mais il est, en sus, le principal favori pour la succession. Il sait que les jours de Pie XI, tôt ou tard, sont comptés. Un jour sur deux, c'est la rémission ; un jour sur deux, c'est l'angoisse. Le 24 décembre, Pie XI prononce, dans un bel effort, un long radiomessage qui, par le truchement de Radio Vatican, fait le tour du monde. Mais dix jours plus tard, il faut calmer ses vives souffrances, avant l'aube, par une piqûre de morphine, en espérant que le cœur ne lâche pas…

Fausse alerte. Pie XI a survécu. Il est resté presque trois mois alité sur sa chaise longue médicalisée, les jambes emmaillotées dans des bandelettes, à souffrir le martyre. Comme il a tenu à demeurer informé des affaires du monde, on lui a bricolé un dais amovible de satin crème, ressemblant à un parasol de plage, pour qu'il puisse accorder des audiences. On lui a fait porter la mozette – une courte pèlerine de satin cramoisi bordée d'hermine blanche – et une calotte de moire immaculée. Le protocole étant sauf, le pape malade a pu recueillir, comme il le souhaitait, des témoignages sur la situation politique en Europe : il a convoqué le cardinal Gomá y Tomás, primat d'Espagne, afin de suivre au plus près les drames de la guerre civile espagnole ; il a réuni les quatre cardinaux allemands, à la mi-janvier, afin de les écouter sur la réalité concrète du régime hitlérien…

Les méfaits des dictatures. Les excès du nazisme. Les dangers du communisme. La religion de la *race*. La domination de la *classe*. L'adoration de la *nation*. Les progrès des idéologies « sans Dieu » – qu'on n'appelait pas encore « totalitaires » – en Espagne, au Mexique, en Allemagne, en Russie. Voilà le principal sujet qui taraude le vieux pontife et qu'il entend, dans son épreuve, suivre de près. Le sujet sur lequel il a médité, consulté, réfléchi, pris des notes. Le sujet sur lequel il va publier, en quelques jours, autour de Pâques, plusieurs textes qui resteront dans l'Histoire.

Pie XI était déjà intervenu, avec fracas, sur le terrain politique. En 1926, il avait durement condamné l'Action française, dénonçant sa « conception païenne de la cité et de l'État » : l'affaire avait traumatisé, en France, le monde politique et intellectuel. La même année, très discrètement, tout en faisant mine de négocier avec les dirigeants soviétiques, il avait envoyé un prêtre, le père d'Herbigny, subrepticement consacré évêque, reconstituer une hiérarchie clandestine au cœur de la Russie des soviets : l'aventure s'était terminée par l'élimination physique, ordonnée par Staline, de tous les évêques catholiques russes. En 1931, il avait dit son fait à Mussolini dans une encyclique rédigée en italien, *Non abbiamo bisogno*, où il condamnait le fascisme : le Duce ne devait jamais lui pardonner cet affront.

Deux encycliques assassines

Mars 1937. En cette semaine pascale où le Vatican semble aussi célébrer la résurrection du pape, ce dernier publie trois textes majeurs. À commencer, le vendredi 19 mars 1937 (fête de saint Joseph, patron des travailleurs), par une encyclique intitulée *Divini redemptoris*, un texte de cent vingt-six pages condamnant avec force le « communisme athée », où il qualifie celui-ci d'« intrinsèquement pervers ». Ce texte, à vrai dire, n'étonne personne. Le pape, à l'unisson de toute l'Église, n'a jamais caché son inquiétude face à la progression des idées communistes en Europe.

En Allemagne, où les nazis censurent d'ordinaire tous les écrits de Pie XI, cette encyclique est largement commentée, louée par les dirigeants et largement reprise par la presse, laquelle n'a pas de mots assez positifs – une fois n'est pas coutume – pour vanter les mérites de ce pape anticommuniste. Mais le 21 mars, dimanche des Rameaux, voici que les évêques et les curés de toute l'Allemagne donnent lecture à leurs fidèles d'une autre encyclique, *Mit brennender Sorge*, publiée en allemand et condamnant violemment le nazisme ! Le résumé du texte, daté du dimanche 14 mars, a été secrètement acheminé à la nonciature de Berlin par la valise diplomatique, puis envoyé clandestinement chez une douzaine de petits imprimeurs catholiques, lesquels ont livré à leurs évêques d'anodins ballots de papier, à la barbe de la Gestapo…

Ce dimanche-là, à Rome, afin que nul ne l'ignore, *l'Osservatore romano* publie cette encyclique dont le texte, on le saura plus tard, doit beaucoup au cardinal von Faulhaber, archevêque de Munich, pour le brouillon, et au cardinal Pacelli, secrétaire d'État, pour la révision finale. Sans ambiguïté, *Mit brennender Sorge* consacre la rupture définitive, sans appel, entre les catholiques et Hitler.

Jamais deux sans trois. Le dimanche suivant, jour de Pâques, le pape consacrera une autre rupture en publiant une lettre apostolique en espagnol, *Nos es muy*, condamnant les violences antireligieuses du régime mexicain, dont l'anticléricalisme atteint alors des sommets meurtriers.

Ce dimanche-là, fête de la résurrection du Christ, toute l'Italie semble s'être donnée rendez-vous sur la place Saint-Pierre, où Pie XI va apparaître, tel un miraculé, après plus de quatre mois d'absence. C'est comme si le pape aussi était « ressuscité ». La foule est enthousiaste, dense et contrastée. Les journalistes notent que le petit peuple du Latium, venu en masse, y côtoie les Rolls-Royce et les Hispano de la haute société romaine. Dans la basilique, le corps diplomatique est au complet, à l'exception de l'ambassadeur d'Allemagne. Parmi les cardinaux, on remarque les Français Tisserant, tout jeune malgré sa barbe blanche, et Baudrillart, académicien et patron de la « Catho » de Paris. Coiffé de la tiare aux trois couronnes, bien calé dans sa *sedia gestatoria* portée par huit assistants, le pape est escorté de près par le docteur Milani, prêt à intervenir.

L'office, célébré par le cardinal Granito Di Belmonte, doyen du Sacré Collège, ne dure qu'une heure. À la fin, encadré des cardinaux Caccia et Canali habillés de pourpre, Pie XI se lève, lui-même vêtu de blanc, pour bénir la foule massée dans la basilique, en latin, d'une voix forte. Puis il se rend, hissé sur son antique chaise à porteurs, vers la loggia des bénédictions, où l'on a construit une sorte de paroi en bois destinée à le protéger du vent frais qui souffle sur Rome. Les trompettes sonnent *Aux champs*. La foule exulte, puis fait silence. Des quatre haut-parleurs installés sur l'obélisque qui domine la place, la voix du pape, un peu plus nasale que d'habitude, descend sur cette marée humaine, pour une bénédiction *urbi et orbi*.

Benedicat vos omnipotens Deus...

Cent cinquante mille poitrines, heureuses et soulagées, répondent d'une seule voix :

Amen !

« Nous sommes tous des Sémites »

Le pape sait bien qu'il est en sursis. Sans ostentation, il a commencé à préparer sa succession. Après avoir envoyé Pacelli le représenter à Buenos Aires, Lourdes puis Washington, il l'envoie à Lisieux en juillet 1937 pour bénir en son nom la nouvelle basilique consacrée à sainte Thérèse. Le secrétaire d'État fait escale à Paris où il produit grande impression.

Mais Pie XI entend aussi profiter de ce répit de la Providence pour conforter l'Église dans sa nouvelle position de défense de la personne humaine, dans un monde où l'homme est trop souvent réduit à n'être plus qu'un rouage de la machine sociale ou un pion sur l'échiquier de l'État. Contrairement à la majorité des responsables politiques de son époque, Pie XI a compris que les tensions entretenues par les puissances totalitaires – Allemagne nazie, Russie communiste – mènent tout droit à une nouvelle conflagration mondiale, qui sera évidemment pire que la première :

> J'avais espéré mourir sans avoir revu la guerre. Maintenant, je n'y compte plus !

Ce pape n'a aucune illusion sur l'avenir politique de l'Europe, mais ne sombre pas dans le pessimisme. À François Charles-Roux, ambassadeur de France auprès du Saint-Siège, il rappelle un jour qu'il a vu personnellement s'effondrer l'empire de Napoléon III, puis l'empire de Bismarck, puis l'Empire austro-hongrois, puis l'empire des tsars, puis l'empire de Guillaume II, et qu'il ne voyait pas pourquoi le IIIe Reich finirait autrement que tous ces empires écroulés !

Le 3 mai 1938, quand Hitler vient à Rome adouber Mussolini, Pie XI lui a fait savoir par son nonce en Allemagne qu'il ne le recevrait pas. Pis : le pape a interdit qu'on hisse le drapeau à croix gammée sur les édifices romains appartenant à l'Église. Lui-même part ostensiblement « se reposer » à Castel Gandolfo, la veille de la visite du chancelier allemand, estimant publiquement que l'air y est moins « malsain » qu'à Rome.

Le 6 septembre, Pie XI reçoit les participants du pèlerinage de la radio catholique belge, qui lui offrent un missel ancien. Le vieux bibliophile feuillette l'ouvrage, tombe sur un passage de la Bible – le sacrifice d'Abraham – qu'il commence à lire lentement, à voix haute, avant de lever la tête et de s'exclamer, les yeux embués de larmes :

> Non, il n'est pas possible aux chrétiens de participer à l'antisémitisme, qui est inadmissible ! Nous sommes tous spirituellement des Sémites !

Quelques semaines plus tard, le 22 juin 1938, il convoque à Castel Gandolfo un jeune jésuite américain, John LaFarge, auquel il confie la rédaction d'une future encyclique condamnant le racisme et l'antisémitisme – encyclique qu'il n'aura pas le temps de publier. Car la maladie le reprend, son organisme s'affaiblit à nouveau. Le pape sait bien qu'il n'y aura pas de second miracle et que ses jours sont comptés. Il n'a plus aucune minute à perdre.

Dans les premiers jours de février 1939, Pie XI se prépare à commémorer le dixième anniversaire des accords du Latran. Il sait que Mussolini sera présent à la cérémonie, fixée au 11 février, et il entend lui dire son fait, les yeux dans les yeux. C'est de sa propre plume qu'il rédige son discours, paragraphe après paragraphe, ignorant les avertissements de ses médecins. Mais la force lui manque. À 5 heures et demie, dans la nuit du 9 au 10 février, il s'effondre. Et, cette fois, ne se relèvera plus.

Des années plus tard, le cardinal Tisserant émettra une version terrifiante sur cette mort subite : l'un des médecins agréés au Vatican, le docteur Francesco Petacci, père de la maîtresse de Mussolini, Clara, aurait administré une piqûre mortelle à l'illustre malade, nuitamment, pour l'empêcher de prononcer son fameux discours antifasciste. Aucun témoin, aucun historien n'a jamais pu conforter cette hypothèse. Tisserant a raconté tout cela en février 1972 à un prélat français, Mgr Georges Roche, avec lequel il souhaitait trier ses archives et rédiger ses mémoires. Mais il est mort quelques jours plus tard, emportant ses secrets dans la tombe.

Un pape dans la tempête

Alors Jésus dit : « On verra s'élever nation contre nation, royaume contre royaume... »

Luc 21,10 ; Matthieu 24,7

Rome, 1er mars 1939. En ce premier jour du conclave, Alfred Baudrillart s'est levé à 5 heures et demie. La journée promettait d'être rude pour un homme de son âge. À quatre-vingts ans, l'illustre cardinal peine à marcher, sa vue est défectueuse, et il en souffre. Il se demande même s'il était bien raisonnable, dans son état, de faire le voyage de Rome. Mais comment un prince de l'Église, fût-il malade, pourrait-il se dispenser de ce qui est la vocation première attachée à sa dignité cardinalice : élire le pape ?

Quelques jours plus tôt, après avoir présidé un office solennel à la mémoire de Pie XI à Notre-Dame de Paris, le vieil homme avait pris le train de nuit Paris-Rome, salué à la gare de Lyon par le nonce apostolique. À son arrivée, le lendemain matin, une voiture du Vatican l'attendait pour l'emmener avec son domestique à la procure des prêtres Saint-Sulpice, où il a ses habitudes. Alfred Baudrillart a droit à d'éminentes marques de respect. À vrai dire, il croule sous les honneurs. Recteur de l'Institut catholique de Paris, membre de l'Académie française, commandeur de la Légion d'honneur, il ne lui manquait que la « pourpre » lorsque Pie XI, quatre ans plus tôt, l'a fait cardinal – une consécration, au sens propre du terme.

Ce matin, il s'est rendu en voiture à Saint-Pierre, sous une pluie battante, pour une messe « du Saint-Esprit » présidée par le cardinal Granito Di Belmonte, doyen du Sacré Collège. En son for intérieur, Baudrillart calcule : l'increvable Belmonte, qui ne fait pas ses quatre-vingt-huit ans, participe à son troisième conclave ! Lui-même peste contre ses ennuis de santé qui lui gâchent la joie d'être là, au milieu des Faulhaber, des Maglione, des Hlond et autres Schuster. Tous avaient rendez-vous dans la salle des *paramenti* pour revêtir leurs habits liturgiques : la longue traversée des couloirs menant à la chapelle Pauline par la salle ducale a essoufflé le vieux cardinal.

Au moins, il sait qu'il ne dormira pas, la nuit prochaine, dans une des cellules rudimentaires bricolées dans les différents étages du palais apostolique, comme les autres cardinaux français qui retrouvent, sans enthousiasme, l'austérité inconfortable de leurs études au séminaire ! Son déplorable état de santé lui a épargné les aléas du traditionnel tirage au sort : il habitera dans le grand et moderne appartement de Mgr Migone, aumônier secret de Sa Sainteté. Le gouverneur de la Cité vaticane, Mgr Serafini, qui lui a fait cette faveur, lui a aussi réservé un fauteuil roulant pour parcourir les centaines de mètres de galeries menant à la chapelle Sixtine. Une curiosité : cet appartement, qui donne sur la place Saint-Pierre, fut justement celui du cardinal Ratti, futur Pie XI, lors du conclave de 1922.

L'après-midi, la procession de la Pauline à la Sixtine aux accents du *Veni Creator* constitue la véritable ouverture du conclave. Dans la chapelle, sous un baldaquin de drap vert, chaque cardinal dispose d'un fauteuil et d'un petit bureau avec encrier, bougeoir, etc. Au cours d'une cérémonie qui traîne en longueur, les soixante-deux électeurs prêtent serment. Le cardinal O'Connell, archevêque de Boston, les rejoint juste à la fin de la séance : ayant appris la mort du pape à Honolulu, il a été mené à New York par un croiseur de l'US Navy que lui a dépêché le président Roosevelt, où il a embarqué à bord d'un paquebot jusqu'à Naples, d'où il arrive directement en voiture ! Pie XI, en mars 1922, avait ordonné par un *motu proprio* que le conclave, désormais, ne se réunirait pas moins de quinze jours après le décès du pape, pour que les électeurs américains, justement, puissent arriver avant la désignation du nouveau pontife.

Pacelli, comme prévu

Ce nouveau laps de temps avait permis aux cardinaux déjà sur place de participer, les jours précédents, à des « congrégations générales », ces réunions plénières destinées à préparer sereinement le conclave. Alfred Baudrillart avait été déconcerté par la pauvreté des débats. Il s'y « ennuyait », écrit-il dans ses carnets. Il s'étonnait, vu la gravité du moment, que les responsables de la curie attachent autant d'importance au protocole liturgique, à l'étiquette vestimentaire et jusqu'aux dispositifs de fermeture des fenêtres : comment s'assurera-t-on que tous les postes téléphoniques seront bien débranchés ? En pleine exacerbation de la guerre d'Espagne et alors que grondent dangereusement, de Vienne à Prague, les armées du Reich !

En réalité, les vraies conversations avaient lieu ailleurs, l'après-midi et le soir, dans les arrière-salles des trattorias du Borgo, les couloirs des séminaires, les antichambres des ambassades, où les uns et les autres se retrouvaient de rendez-vous en réceptions, de conférences en dîners, à échanger pronostics prudents et souhaits appuyés.

Le principal sujet de ces conversations informelles s'appelle Eugenio Pacelli. Le secrétaire d'État, qui est aussi camerlingue, fait figure de favori depuis la grave maladie de Pie XI pendant l'hiver 1936. Bien sûr, d'autres noms sont avancés, ici ou là : celui du cardinal Tedeschini, soixante-cinq ans, un diplomate de carrière qui fut substitut sous Benoît XV, puis nonce à Madrid au tout début de la guerre d'Espagne ; celui du cardinal Schuster, cinquante-neuf ans, moine bénédictin devenu archevêque de Milan, qui passe pour un peu trop proche du pouvoir fasciste ; celui du cardinal Marmaggi, soixante-deux ans, lui aussi diplomate aguerri – il fut le premier nonce à Prague – et plutôt rassurant à l'heure des plus grands périls politiques ; celui du cardinal Maglione, soixante-deux ans, bien connu des Français – il était nonce à Paris lors de la condamnation de l'Action française ; celui du cardinal Dalla Costa, soixante-sept ans, le très ascétique archevêque de Florence – « trop austère, trop cassant », note Baudrillart, péremptoire, dans le petit carnet qui ne le quitte jamais.

À chaque conclave, les mêmes spéculations envahissent la Ville éternelle. Le nouveau pape sera-t-il italien ou non ? Contemplatif ou politique ? Réformateur ou antimoderniste ? À vrai dire, les risques de guerre mondiale réduisent à peu de chose le clivage traditionnel entre *zelanti* et *politicanti*. La question est moins de savoir si le prochain pape se référera plutôt à Léon XIII le réformateur ou plutôt à Pie X le mystique, mais quelle attitude il entend adopter face à Hitler et à Mussolini. Le cardinal Baudrillart note dans ses carnets : « Pape étranger à l'Italie ? Pape conciliateur ? Pape livré pieds et poings liés à Mussolini ?... » En période de crise mondiale, c'est la personnalité du pape qui compte, sa solidité, son caractère, sa fermeté face aux risques du monde : le conclave devra d'abord doter l'Église d'un chef courageux et pertinent, d'un capitaine expérimenté, habile à la manœuvre.

C'est exactement pour cela qu'aux yeux des cardinaux, diplomates, observateurs et autres journalistes, Pacelli fait, sans conteste, figure de favori. Le correspondant de *la Croix*, Mgr Fontenelle, croit même en sa victoire dès le premier tour de scrutin ! Le secrétaire d'État n'a que soixante-trois ans, certes, mais il a pratiqué la diplomatie pontificale pendant un quart de siècle. Il connaît bien l'Allemagne, où il a été nonce. Il fut le bras droit de Pie XI qui voyait en lui son successeur et qui, pour cela, le poussa en avant – notamment en l'envoyant comme « légat » à Buenos Aires (1934), à Lourdes (1935), aux États-Unis (1936), à Lisieux (1937) et à Budapest (1938). On a vu Pacelli aux « actualités » cinématographiques. On connaît sa silhouette mince et ascétique, son visage allongé et émacié, son port altier et hiératique, son regard vif et profond. On l'a entendu ici ou là procéder à des bénédictions solennelles aux accents théâtraux, le geste ample et le visage inspiré, dans une demi-douzaine de langues différentes.

Vers 18 heures, la cérémonie d'ouverture s'achève. Fuyant la bousculade, le cardinal Baudrillart regagne son bel appartement – mais à pied, car on a oublié de lui apporter son fauteuil roulant ! Il va reposer ses jambes et souffler un peu avant le dîner prévu à 20 h 30 dans la salle des gardes des appartements Borgia, à l'étage au-dessous. Le cardinal Tisserant, dont il admire l'esprit, la culture et l'intelligence, le raccompagnera amicalement en poussant son fauteuil. Les deux hommes bavarderont tard dans la soirée. Tisserant, en se caressant la barbe, lui confie qu'il se rallie, finalement, à l'opinion des cardinaux français : le mieux pour l'Église serait un binôme Pacelli-Maglione…

En moins de vingt-quatre heures

Le lendemain, jeudi 2 mars, le cardinal se lève à 6 heures. Il a mal dormi. Il se bat avec les robinets de la salle de bains de Mgr Migone, dit sa messe sur place, et prend son petit déjeuner avant de gagner la chapelle Sixtine où le conclave reprend ses travaux à 9 heures précises. À nouveau une messe en commun, puis le *Veni Creator*, puis la désignation des scrutateurs. Enfin, à 10 heures, on passe au premier vote de la journée, qui se déroule dans un silence remarquable. On fait voter deux cardinaux malades restés dans leurs cellules. Baudrillart, lui, n'a pas à s'avancer jusqu'à l'autel : on lui apporte la patène où il dépose son bulletin, non sans avoir prononcé le serment d'élire « ... *quem secundum Deum judico eligi debere* » (« ... celui que je juge, sous le regard de Dieu, digne d'être élu »). La feuille de papier, dûment pliée, est ensuite versée avec les autres, dans le calice qui trône sur le maître-autel.

Le résultat ne laisse planer aucun doute : d'emblée, Pacelli obtient 32 voix, contre 9 à Dalla Costa et 7 à Maglione, le reste des bulletins s'égarant sur divers autres noms. On connaît les chiffres par Baudrillart, qui les a rapportés scrupuleusement dans son petit carnet. Il ne manque à Pacelli que 10 suffrages pour atteindre le seuil fatidique des 42 voix. Le scrutin qui suit confirme son avance : le secrétaire d'État obtient 40 voix. Apparemment, les jeux sont faits. Le déjeuner est détendu – à l'exception d'un moment de stupeur quand le cardinal Pacelli, rentrant d'une promenade solitaire dans la cour Saint-Damase, chute lourdement sur les marches séparant la salle des parements de la salle ducale. Plus de peur que de mal. Le cardinal Verdier, archevêque de Paris, se risque même à une boutade :

Vicarius Christi in terra! (« Le vicaire du Christ à terre ! »)

Le troisième vote donne 48 suffrages à Pacelli – toujours selon les notes de Baudrillart. C'est largement plus qu'il n'en faut. À 17 h 29, une fumée blanche s'échappe de la chapelle Sixtine. Il aura fallu moins de vingt-quatre heures pour désigner le nouveau pape. Un record.

Clin d'œil de la Providence : Eugenio Pacelli est élu pape le jour même de son soixante-troisième anniversaire. Dès ses premières réponses, ses premiers gestes, le nouveau pontife semble avoir fait cela toute sa vie. Cet homme-là était né pour être pape. Il s'attendait à ce vote, même s'il confiait volontiers qu'il pourrait bien prendre sa retraite et devenir simple aumônier d'un couvent. D'ailleurs, il a déjà réfléchi au nom qu'il prendrait, au cas où. Il a d'abord pensé garder son prénom de baptême et s'appeler Eugène V, mais a choisi, finalement, la continuité. C'est donc à Pie XII que les cardinaux font, un à un, allégeance, y compris ceux qui n'ont pas voté pour lui. Baudrillart se fait aider pour aller lui baiser le pied et la main : le pape serre contre son cœur la main du vieil homme, soudain ému aux larmes. Il a bien fait, le vieil académicien, de faire le voyage de Rome.

Puis tout le monde se dirige vers la loggia. Y compris Baudrillart qui, malgré sa fatigue, se retrouve dans la foule des *porporati*, juste derrière le Saint-Père. C'est le cardinal milanais Caccia Dominioni qui lance, de la loggia extérieure de la basilique éclairée par des projecteurs, la formule attendue :

Habemus papam !

En apprenant que le cardinal Pacelli est devenu pape, la foule exulte. Est-ce parce que l'élection du principal collaborateur du pape défunt, en ces temps troublés, rassure les Italiens? Non. C'est surtout la première fois depuis le pape Innocent XIII, il y a deux cent dix-huit ans, que le nouvel évêque de Rome est... romain!

Premier de sa classe

Romain, en effet. Romain de souche. Romain depuis trois générations. Le nouveau pape est né le 2 mars 1876 à quelques centaines de mètres du Vatican, de l'autre côté du Tibre, dans une belle demeure de la via degli Orsini, derrière la piazza Navona, non loin de la célèbre « église neuve », la Chiesa Nuova, où il fut, très tôt, enfant de chœur et où il sera vicaire. De la crèche de la piazza Fiammetta au lycée Visconti, en passant par l'école de la piazza Santa Lucia di Ginnasi, le petit Eugenio a vécu au cœur de la Rome ancienne, avec ses ruelles minables, ses gargotes animées, ses terrasses branlantes, ses minuscules boutiques et ses palais cachés.

Pacelli est aussi romain par sa famille, qui appartient à la noblesse « noire », restée fidèle au pouvoir pontifical. Une famille où, comme on l'a dit, on sert le pape avec passion depuis trois générations, de Marcantonio Pacelli, le grand-père, qui fonda *l'Osservatore romano*, à Francesco Pacelli, le grand frère avocat, qui négocia les accords du Latran, en passant par Filippo Pacelli, le père, qui servit les États pontificaux jusqu'à leur disparition en 1870. Sa mère, Virginia, née Graziosi, était issue, elle aussi, de la vieille noblesse romaine catholique.

L'enfant, dès ses premières classes, est brillant, curieux de tout. Il dévore les livres, il se passionne pour le latin, il apprend le violon. Il est sage comme une image. Il n'aime ni les cours d'éducation physique, ni les bagarres dans la cour de récréation, ni les jeux dans la rue. Ce gamin n'aime pas courir. Ses parents, parfois, s'inquiètent de sa « lenteur ». Serait-il malade ? Après la quatrième, ils le retirent du collège pendant un an. Heureusement, quand il reprend les cours au lycée Visconti, un lycée d'État, il est aussitôt premier de sa classe.

Intelligence aiguë, mémoire exceptionnelle, grande capacité de travail : le jeune Pacelli passe son bac avec mention « très bien ». Il entre à l'université, à la suite de son frère aîné Francesco – qui veut devenir avocat, comme son père. Le jeune Eugenio, lui, veut être prêtre. Quand il l'annonce à sa famille, un jour de l'été 1894, cela n'étonne personne. Sa petite sœur Elisabetta dira de lui : « Il était né prêtre. » C'est tout juste si elle n'ajoute pas : « Il était né pape » !

Eugenio est très pieux. Il a un grand désir de servir l'Église et une haute idée de la vocation sacerdotale. Le prêtre, comme il l'a appris au séminaire, est un « homme prédestiné à la sainteté, détaché du monde, voué à la prière et à l'ascèse ». C'est exactement l'image qu'il donnera de lui jusqu'à sa mort. Et qu'importe si un bruit a couru, après l'indiscrétion d'un curé de son entourage, selon lequel son entrée dans les ordres serait due, au moins en partie, à une déception amoureuse.

Les Pacelli, on l'a compris, ne manquent pas de relations. Après ses dix années d'études de philosophie, de théologie et de droit canonique, pas question de laisser le jeune Eugenio perdre son temps dans une quelconque paroisse de la banlieue de Rome ! Le cardinal Vincenzo Vannutelli, ami de la famille, et l'oncle Ernesto, conseiller juridique du pape Léon XIII, recommandent le tout jeune prêtre à Mgr Pietro Gasparri, secrétaire de la congrégation des Affaires ecclésiastiques extraordinaires. Pie X vient de succéder à Léon XIII : Gasparri, nouveau patron de la diplomatie vaticane, cherche justement de bons juristes pour l'assister dans la réhabilitation de la papauté comme sujet de droit international. Il recrute plusieurs jeunes et brillants esprits promis à de belles carrières : Cerretti, Tedeschini, Pacelli…

Une carrière fulgurante

Dès ses premiers pas dans le monde feutré de la diplomatie, à l'automne 1903, le simple *minutante* Pacelli se voit confier des dossiers de toute première importance : la formalisation de l'abandon définitif du « droit d'exclusive » ; le suivi, très complexe, de la séparation de l'Église et de l'État en France ; la mise au point d'un important concordat avec la Serbie. Le jeune et brillant juriste travaille en toute intelligence avec Gasparri, mais il est aussi dévoué à son successeur, le très réactionnaire Merry del Val, après que celui-ci eut fait de la congrégation pour les Affaires extraordinaires, en 1908, la « première section » de la secrétairerie d'État. Pacelli n'appartient à aucun clan, il n'est militant d'aucune cause : il travaille, jour et nuit, à ses dossiers. Et il donne si grande satisfaction qu'il devient même le sous-secrétaire de cette « première section » en 1911, puis le secrétaire en 1914. Il n'a que trente-huit ans. Fulgurante carrière !

La mort de Pie X, l'élection de Benoît XV et la nomination du cardinal Gasparri à la tête de la secrétairerie d'État, en septembre 1914, ne font que conforter Pacelli dans son rôle diplomatique majeur, au moment où la Première Guerre mondiale va pousser le Saint-Siège à adopter une fort délicate attitude de neutralité à l'encontre des divers belligérants. C'est Benoît XV qui porte cette politique, mais Eugenio

Pacelli en est le fidèle exécutant. C'est lui qui va tenter d'obtenir de l'empereur d'Autriche, en 1915, de quoi convaincre l'Italie de ne point s'engager au côté de l'Allemagne. C'est lui qui va sonder l'empereur Guillaume II et le gouvernement allemand, pendant l'été 1917, sur les chances d'une paix négociée dont le Saint-Siège serait le promoteur…

La guerre, qui éclate en août 1914, va contrarier les carrières de tous ces jeunes ecclésiastiques promis, s'ils en reviennent vivants, à un grand avenir. Dès le mois d'août 1914, l'abbé Eugène Tisserant, spécialiste des manuscrits anciens, ami de Pacelli et de Ratti, doit rejoindre Troyes et le front de l'Est, où il s'illustrera par sa vaillance. Achille Ratti, le bibliothécaire polyglotte, sera envoyé en avril 1919 comme nonce apostolique à Varsovie, où la guerre russo-polonaise menace. À ce moment, Eugenio Pacelli a déjà été nommé nonce à Munich, au cœur du conflit mondial, malgré les réticences de Gasparri peu porté à se séparer d'un aussi précieux collaborateur. Pacelli, nommé le 20 avril 1917, partira après avoir été sacré évêque à la chapelle Sixtine, le 13 mai 1917. La date n'est pas anodine : c'est ce jour-là qu'a lieu la première apparition de la Vierge à trois petits bergers, à Fatima, au Portugal. Le futur Pie XII sera très sensible, plus tard, à cette coïncidence.

Le départ de Pacelli pour l'Allemagne a laissé un souvenir mitigé en haut lieu. Non seulement le nouveau nonce a voyagé dans un compartiment spécial, avec les honneurs dus à son rang, mais il a fait partir dans un wagon plombé soixante caisses de meubles, de livres et d'effets personnels qui rappelèrent, en peine guerre, qu'il n'était pas n'importe qui. Le pape Benoît XV lui-même fut choqué par le style aristocratique, franchement déplacé, de son envoyé spécial.

Sœur Pascalina

Avant d'être envoyé à Munich, Pacelli s'était reposé, pendant deux mois, dans une maison de repos appelée *Stella Maris*, à Rorschach, dans les Alpes suisses. C'est un établissement religieux très bien fréquenté, prisé des *monsignori* de la curie, où le chef de la diplomatie papale, que son travail harassant avait conduit au bord de l'épuisement, est venu se refaire une santé. La religieuse mise à son service s'appelle Sœur Pascalina. Très jolie malgré son habit de grosse laine noire et sa coiffe à doublure, la jeune fille a vingt-trois ans. Elle est dévouée, elle sait tout faire – coudre, cuisiner, soigner, et même conduire une moto – et elle est très pieuse. Si pendant sa convalescence le peu causant Pacelli l'a considérée avec hauteur, à la limite du mépris, il a pensé à elle, quelques mois plus tard, quand il s'est agi de recruter une gouvernante pour la nonciature.

C'est le début d'une relation originale, mystérieuse et sulfureuse, unique dans les annales du Vatican. La jeune Pascalina vient d'une famille paysanne modeste où ses douze frères et sœurs l'ont formée au travail incessant, au partage des responsabilités et au maniement des hommes. Cette fille-là a l'âme d'un chef. Elle a une autorité naturelle, un culot monstre et de l'ambition à revendre. Même si elle indispose assez vite ses propres subordonnés par sa superbe, elle se rend vite indispensable à Pacelli qui l'emmène dans ses bagages lorsqu'il devient, en août 1925, nonce à Berlin.

L'intimité qui se crée alors entre ces deux personnages va susciter des rumeurs plus ou moins désobligeantes pendant un demi-siècle. En réalité, Pacelli est un homme psychologiquement immature – il a vécu chez sa mère jusqu'à l'âge de trente-sept ans – et fort peu respectueux de la gent féminine. Combien de fois aura-t-il une attitude volontairement méprisante, voire humiliante, à l'égard de sa gouvernante ? Mais il n'est pas insensible au charme de cette femme dévouée, attentionnée et… maternelle à son endroit. Il est frappé, aussi, par son intelligence et ne déteste pas la voir opportunément et discrètement meubler sa solitude.

Quand il est nommé secrétaire d'État, en février 1930, Pacelli fait venir à Rome l'équipe qu'il s'est constituée pendant son long séjour à Munich et à Berlin. Ce cabinet privé est composé de collaborateurs allemands : le père Leiber, son secrétaire ; le père Heinrich, son bibliothécaire ; le père Bea, son directeur de conscience, qui deviendra trente ans plus tard un des grands acteurs du concile Vatican II. Mais un problème se pose avec Sœur Pascalina : comment justifier qu'il fasse venir sa gouvernante à Rome, alors qu'il va d'abord réintégrer sa maison de famille, où sa sœur Elisabetta pourra s'occuper de lui ?

Il faut croire que les liens qui unissaient ces deux-là étaient très forts. Non seulement Pacelli finit par faire venir Pascalina à Rome, en dépit du qu'en-dira-t-on, mais lorsque le nouveau secrétaire d'État intègre ses appartements dans le Vatican, il l'introduit parmi les domestiques du palais pontifical : c'est la première fois qu'une femme vit à demeure dans l'enceinte du vénérable palais ! Et une étrangère, en sus ! On imagine les rumeurs, les chuchotements, les légendes qui commencent à courir…

Pis : à la mort de Pie XI, en février 1939, le cardinal Pacelli n'est pas seulement secrétaire d'État et favori pour la succession ; il est aussi camerlingue, en charge de l'organisation de la succession apostolique, et pourvu de tous les pouvoirs jusqu'à l'élection du prochain pape. C'est donc lui-même, sans en référer à personne, qui décide que Sœur Pascalina l'accompagnera pendant le conclave pour s'occuper de sa santé et de son ménage. Une femme dans l'enceinte d'un conclave, cela ne s'était jamais vu.

La diplomatie et la guerre

De ses treize années passées en Allemagne, Pacelli aura gardé deux souvenirs contrastés. Le premier date du 30 avril 1919: c'est l'invasion de sa résidence par un groupe de bolcheviks « spartakistes » armés jusqu'aux dents, après l'éphémère institution d'une république communiste en Allemagne. Le nonce, ce jour-là, a fait preuve d'un réel courage physique, ainsi que sa gouvernante. Il n'oubliera jamais la violence et la haine de ces insurgés qui ont failli le tuer. Il sera, toute sa vie, hostile aux « rouges ».

L'autre souvenir, c'est celui de sa participation personnelle au formidable ballet diplomatique où se jouait, dans la capitale du Reich, le sort de la guerre et de la paix. Il appréciait les attentions personnelles de l'empereur Guillaume II, les entretiens plus ou moins secrets avec les grands de ce monde, les réceptions somptueuses et les bals donnés, dans sa belle résidence, pour séduire le Tout-Berlin. Le représentant personnel du Saint-Père, convaincu de son importance, n'a pas toujours résisté au péché d'orgueil. *Vanitas vanitarum*...

Au lendemain des accords du Latran, Eugenio Pacelli a atteint le sommet de sa carrière en remplaçant Pietro Gasparri à la tête de la secrétairerie d'État. Pendant neuf ans, il a fait preuve d'une fidélité absolue à l'égard du pape Pie XI. Ces deux hommes ont formé un duo apparemment soudé, entièrement consacré au service de l'Église, encore qu'improbable sur le plan privé. Pie XI était un autocrate colérique qui avait du mal à déléguer ses pouvoirs. Pacelli était un ascète réservé, conscient de sa valeur, mais totalement soumis à son patron. On n'eût pas imaginé Pie XI tolérer la moindre critique de la part de quiconque, à commencer par son secrétaire d'État. Or c'est le même Pacelli, très actif dans la publication des grandes encycliques politiques de Pie XI condamnant le communisme et le nazisme, en 1937, qui fera tout, une fois devenu pape, pour ne pas compromettre ses relations avec Hitler et Mussolini.

Est-ce la fonction qui fait l'homme ? Est-ce que les temps ont changé ? Quand Pacelli est élu par le conclave, en mars 1939, les blindés hitlériens pétaradent aux frontières de la Pologne. Tout doit être tenté pour éviter un deuxième conflit mondial. Et il n'est peut-être pas trop tard pour empêcher Mussolini de rallier le chancelier allemand dans sa folie belliqueuse. Ce n'est vraiment pas le moment d'énerver l'un et l'autre en les condamnant solennellement du haut de la chaire de Saint-Pierre.

Le pape qui vient d'être élu est d'abord un diplomate – c'est en cela qu'il était soutenu par la France, l'Angleterre et les autres démocraties occidentales – préoccupé d'éviter, si c'est encore possible, la déflagration mondiale. C'est un appel appuyé en direction de l'Italie du Duce, même s'il s'adresse à toutes les grandes puissances, que lance Pie XII sur les ondes le 24 août 1939, depuis Castel Gandolfo :

> Par le sang du Christ, il est encore temps ! Rien n'est perdu tant que la paix subsiste. Par la guerre, tout peut être perdu !

Pie XII croit que s'il a encore une petite chance de sauver la paix, c'est à la condition de rester au-dessus des belligérants. Il se rappelle parfaitement qu'en 1914, son prédécesseur, Benoît XV, s'est arc-bouté à sa position de neutralité, gardant ainsi sa liberté d'intervenir – au prix de mille critiques et insultes de la part des uns et des autres. Cette neutralité lui vaudra certainement, à lui aussi, pressions et reproches, mais il n'y a pas, à ses yeux, d'alternative.

Hélas ! La stratégie du pape est vaine. Au moment même où Pie XII lance son appel pathétique, au cœur de l'été 1939, Hitler et Staline concluent un pacte de non-agression permettant à la Wehrmacht de se préoccuper uniquement du front occidental. Dix jours plus tard, l'Allemagne attaque la Pologne. Les atermoiements, les appels et les prudences du pape n'ont servi à rien. En outre, rien n'empêchera désormais le belliqueux Mussolini de s'allier avec Hitler. Le pape, selon la formule du diplomate britannique Andrew Noble, n'a pas réussi à « exorciser le diable avec des mots doux ».

Pie XII, exactement comme le fit naguère Benoît XV, va s'en tenir, bec et ongles, à la neutralité du Saint-Siège. Comme en 1914, pense-t-il, il suffirait que le Saint-Siège penche d'un côté ou de l'autre pour perdre sa crédibilité et sa capacité d'intervenir, le jour venu, en faveur de la paix. Le pape, du coup, ferme les yeux sur l'invasion de l'Albanie par les troupes italiennes en avril 1939. Pis : c'est à peine s'il proteste après l'invasion de la Pologne par les troupes nazies en septembre 1939 !

Les « silences » de Pie XII

Discutable, cette politique a néanmoins le mérite de la cohérence. Pie XII est d'ailleurs soutenu, plus ou moins explicitement, par les Anglais et les Américains. Les Français sont plus critiques. Quant aux Polonais, on les comprend, ils vouent le pape aux gémonies. Or, la stratégie papale s'effondre définitivement en juin 1940 : alors que le chancelier Hitler domine la quasi-totalité de l'Europe, le Saint-Siège tente encore d'inviter les Anglais, les Allemands et les Italiens à des négociations de paix. Refus rageur des Alliés ! Quinze jours plus tard, Hitler lance, lui aussi, de la tribune du Reichstag, son propre « plan de paix ». Le pape, invité à s'y rallier, est pris à son propre piège.

L'histoire s'accélère. À partir de 1942, la « neutralité » du Vatican va être confrontée à un nouvel aspect, inédit, de cette guerre barbare. À la suite de la conférence de Wannsee, en janvier de cette année-là, Hitler a décidé de mettre en application la « solution finale » à l'égard des Juifs d'Europe. Cette résolution est longtemps tenue secrète. Elle est d'ailleurs tellement insensée, tellement incroyable, que les premiers témoignages sur l'élimination physique des Juifs dans des camps d'extermination, à partir de l'été 1942, se heurteront à l'incrédulité générale.

Au Vatican, Pacelli est informé par ses nonces apostoliques des premières mesures d'élimination des Juifs en Slovaquie, en Pologne, en Ukraine, en Roumanie, etc. Une autre organisation, la Croix-Rouge, en Suisse, collecte aussi ces informations insupportables. Et décide, comme le Vatican, de ne pas émettre de protestation solennelle : cette rupture du principe de neutralité serait le meilleur moyen de perdre en crédibilité et en liberté d'action…

En France, quelques rares évêques – Mgr Saliège (Toulouse), Mgr Théas (Montauban) – rompent le silence et décident de lire en chaire, le 23 août 1942, des protestations indignées. Sans provoquer de réactions notables de la part des nazis. Mais la même protestation lue en chaire dans toutes les églises de Hollande, le 26 juillet, a déclenché une vague de représailles dramatiques : des centaines de catholiques d'origine juive, parmi lesquels la philosophe Edith Stein, sont arrêtés et gazés à Auschwitz. Quand le pape apprend cette nouvelle, à Rome, il devient « pâle comme la mort » – c'est sa gouvernante qui témoigne – et stoppe la publication d'un appel similaire destiné à être publié dans *l'Osservatore romano*.

C'est la peur des représailles, désormais, qui pousse le prudentissime Pie XII à ne jamais paraître vindicatif ou accusateur, de peur de susciter « des maux plus grands encore ». Chaque mot est pesé au trébuchet. Dans son « radio-message » de Noël 1942 – le pape a développé cette nouvelle technique de communication deux ans plus tôt –, il parle des « personnes qui, sans aucune faute de leur part, et parfois *pour le seul fait de leur nationalité ou de leur race*, ont été vouées à la mort ou à une extermination progressive ». Dans l'esprit de Pie XII, c'est une protestation claire, forte et parfaitement compréhensible. Qu'il est ténu, au regard de l'Histoire, le fil qui sépare la prudence de la pusillanimité !

La rafle des Juifs de Rome, le 16 octobre 1943, ne modifie pas son attitude. Le pape, par la voie de son secrétaire d'État, Mgr Maglione, fait mine de menacer d'émettre une protestation. Mais il ne fustige ni ne s'indigne. En revanche, il ordonne discrètement que les bâtiments religieux de Rome dans leur ensemble – églises, locaux paroissiaux, séminaires, couvents, instituts, etc. – accueillent tous les Juifs qui demanderont l'asile. Des milliers de Juifs auront ainsi la vie sauve. Paradoxe : Pie XII redoublera désormais de prudence, afin de ne pas risquer de voir la police allemande perquisitionner soudain ces bâtiments !

Le jour de la libération de Rome, le 5 juin 1944, c'est vers la place Saint-Pierre que déferlent les Romains soulagés, au cri de « Vive le pape ! ». Pie XII, qui était allé personnellement réconforter sur place les victimes du bombardement de San Lorenzo en juillet 1943, n'a pas ménagé sa peine pour exiger des Alliés qu'ils ne bombardent pas la Ville éternelle. La population de Rome, enthousiaste, le considère comme le *defensor civitatis* sans lequel, peut-être, la cité eût été écrasée sous les bombes.

L'exercice solitaire du pouvoir

La guerre a profondément marqué Eugenio Pacelli. En bien, d'abord : ces cinq années de tension extrême ont sensiblement élargi sa vision du monde, évacué ses dernières réticences envers le modernisme, conforté son combat pour une Europe unie, renforcé sa préférence pour le régime démocratique, précipité son adhésion à la décolonisation, et définitivement ancré sa hantise envers le communisme.

Mais elles ont aussi affermi son autoritarisme et sa tendance à gouverner seul. En août 1944, lorsque disparaît son secrétaire d'État, Luigi Maglione, Pie XII hésite à le remplacer. Il a le choix entre ses deux principaux collaborateurs, Giovanni Battista Montini et Domenico Tardini. Mais il décide, finalement, de diriger lui-même la secrétairerie d'État. Il s'en expliquera directement à Tardini :

> Je ne veux pas des collaborateurs, je veux des exécutants !

Eugenio Pacelli est un travailleur acharné. Son entourage, le soir, l'entend taper à la machine jusque tard dans la nuit. Il lit, réfléchit et écrit sur tous les sujets, de la réforme liturgique (qu'il encourage) à l'élégance automobile, de l'expérience des prêtres-ouvriers (qu'il condamne) à la chirurgie de l'œil, des fouilles sur le tombeau de saint Pierre (qu'il suit de près) à la diététique. En deux décennies, il aura prononcé mille quatre cents discours ! Sans toujours consulter ses collaborateurs qui, de la secrétairerie d'État à la congrégation du Saint-Office, seront de plus en plus agacés par sa pratique solitaire du pouvoir.

Ce qui déconcerte le plus son entourage, et pour cause, ce sont les mystérieuses visions qu'il affirme avoir eues, à deux reprises. En octobre 1950, à la veille de proclamer le dogme de l'*assomption* de la Vierge Marie, alors qu'il se promène, seul, dans les jardins du Vatican, il voit tourner le soleil exactement comme l'ont raconté les trois petits bergers de Fatima, au Portugal. En décembre 1954, alors qu'il est malade et fiévreux, il voit le Christ à son chevet, et n'en démord pas :

> J'ai vu le Seigneur ! Cela a duré un instant, il était très beau !

Ces phases mystiques achèvent de creuser un abîme entre lui, le vieux pontife hiératique et impénétrable, et le reste du monde. Son dédain pour les cardinaux les plus proches de lui, qui tourne parfois au mépris, l'isole de la curie, où chaque responsable de dicastère fait la loi dans son secteur de compétences. Pie XII s'attire les sarcasmes de Tisserant, d'Ottaviani, de Tardini, qui profitent de sa faiblesse pour se débarrasser de Montini, nommé archevêque de Milan.

Le vieux pape n'a plus, autour de lui, que sa gouvernante, Sœur Pascalina, son neveu Carlo Pacelli, et son médecin, le docteur Galeazzi-Lisi…

L'*aggiornamento* de l'Église

Il n'y aura jamais de Pie XIII.

Jean Guitton

Rome, lundi 6 octobre 1958. Le bourdon de Saint-Pierre sonne lentement 7 heures. Le jour se lève sur la Ville éternelle. La Cité du Vatican est d'autant plus calme que le pape n'est pas là : âgé de quatre-vingt-deux ans, malade, Pie XII se repose à Castel Gandolfo. Pourtant, dans la ville encore endormie, quelques rares journalistes bien informés – dont Benny Lai, correspondant de *la Nazione*, et Max Bergère, de l'Agence France-Presse, prévenus par un mystérieux informateur – se lèvent en catastrophe, sautent dans leurs voitures et parcourent à toute vitesse les vingt-huit kilomètres qui séparent Rome de la résidence où séjourne le pape depuis le début de l'été.

À Castel Gandolfo, étonné de les voir de si bonne heure traverser la petite place qui mène au palais apostolique, le directeur des villas pontificales, le vieil Emilio Bonomelli, leur confirme l'information : le pape a eu une crise violente, on lui a pratiqué un lavage d'estomac, il ne voit plus rien, il est à l'agonie. Combien de temps lui reste-t-il ? Impossible à dire.

Avec quelques heures de retard sur ces confrères très bien informés, une meute de journalistes, photographes et cameramen de toutes nationalités investit bientôt le vieux village escarpé dominant le lac d'Albano. Les uns et les autres s'installent à proximité du palais en attendant l'issue fatale. Les plus entreprenants investissent, par prudence, l'unique cabine téléphonique de l'endroit, provoquant quelques bruyantes disputes. Les uns et les autres apprennent, par bribes, que Pie XII a eu une attaque pendant la nuit, alors qu'il avait encore reçu, la veille, une imposante délégation de notaires catholiques, et béni, à midi, quelque cinq mille pèlerins rassemblés sous son balcon. Mais il n'a pu lever les bras pour les saluer. On l'aurait entendu terminer son intervention, dans un souffle, par un « adieu » déconcertant :

> *Addio... Addio...*

À sa gouvernante, Sœur Pascalina, il confia avant d'aller se coucher :

> *Adesso, non posso più!* (« Maintenant, je n'en puis plus ! »)

Les neveux du pape, sa sœur Elisabetta, le sacriste Van Lierde, quelques cardinaux sont arrivés, eux aussi, dans la matinée. Son valet de chambre, Mario Stoppa, a du mal à réguler les visites auprès du mourant. Mgr Tardini, le pro-secrétaire d'État, veille son patron, très ému. Le cardinal Tisserant, doyen du Sacré Collège, arrive à son tour, grâce à un avion mis à sa disposition par le gouvernement français. Pie XII n'est pas un pape ordinaire, il règne depuis vingt ans, il joue un rôle actif dans la « guerre froide » qui oppose l'Est et l'Ouest : la mort d'un tel personnage est un événement important.

Un médecin très étrange

L'agonie du pape va durer deux jours. Mais la presse romaine, à la suite d'un pataquès, annonce sa mort avec vingt-quatre heures d'avance ! Quelques envoyés spéciaux avaient passé un accord avec le médecin personnel du pape, le docteur Riccardo Galeazzi-Lisi : en cas de décès du pontife, quelqu'un devait ouvrir une fenêtre et se moucher dans un mouchoir blanc. Un rideau blanc ayant été fortuitement remué devant une fenêtre du palais, le journaliste de garde a cru qu'il pouvait annoncer aux autres la nouvelle, et c'est ainsi qu'une heure plus tard, un quotidien romain se mit à distribuer dans Rome une édition spéciale titrée : « *IL PAPA E MORTO* ».

En réalité, en cette matinée du mercredi 8 octobre, le pape est encore vivant. Il demande même à communier. Il subit une nouvelle attaque un peu après 7 heures, alors qu'il est entouré de médecins et de proches collaborateurs. Un chapelet à la main, un crucifix sur la poitrine, Pie XII sombre dans la paralysie et l'inconscience. Toute la journée, autour de lui, on sanglote et on prie. Médecins, prélats et religieuses récitent, dans la chapelle attenante, la prière préférée de Pie XII :

Anima Christi, sanctifica me !

Dehors, sur la place qui fait face au palais, les fidèles restent là, à réciter des prières et à égrener le chapelet. Le seul lien qui les unit au drame qui se joue à l'intérieur du palais, c'est Radio Vatican. À minuit, la radio retransmet la messe dite par Mgr Tardini. À 3 h 56 du matin, ils entendent, dans un micro, la voix du père jésuite Francesco Pellegrino, le directeur de la radio, qui a passé la nuit auprès du mourant et qui annonce la nouvelle :

Papa mortuus est.

Le pape, cette fois, est vraiment mort.

Le décès ayant été officiellement annoncé, il n'y a plus matière à scandale. Et pourtant, l'émotion sera grande en voyant dans le magazine *Paris Match*, qui consacre presque tout son numéro suivant à cet événement, des photos très indiscrètes : le pape à l'agonie dans son petit lit de cuivre, pauvre vieillard amaigri, la bouche légèrement ouverte, à côté de sa bouteille d'oxygène ; puis le pape sur son lit de mort, vêtu d'une mozette rouge bordée d'hermine et coiffé d'un *camauro* de la même couleur. On apprendra plus tard que c'est le docteur Galeazzi-Lisi, encore lui, qui a négocié peu glorieusement – pour l'équivalent de dix mille euros – ces clichés, assortis d'un récit de quatre pages, avec le correspondant du journal français.

Un drôle de paroissien, le médecin personnel de Sa Sainteté ! D'abord, il n'est pas médecin généraliste, mais ophtalmologiste. Il avait été naguère appelé auprès d'Eugenio Pacelli, secrétaire d'État de Pie XI, pour un banal examen des yeux. Son cabinet était juste à côté du Vatican. C'était en 1930. Le futur pape avait un rhume ce jour-là et Riccardo Galeazzi-Lisi lui avait recommandé un sirop à base d'herbes médicinales. Le rhume ayant disparu, Pacelli prit l'habitude de consulter cet homme de science discret et apparemment de bon conseil. Le jour même où il devint pape, en 1939, Pacelli se foula un pied en glissant sur une marche de la chapelle Sixtine : par réflexe, il fit appeler Galeazzi-Lisi, qui lui massa la cheville. Puis le nouveau pape resta fidèle à celui qui devint son médecin personnel, avec le titre très pompeux d'« archiatre pontifical ».

Non seulement Pie XII ne connaissait rien à la médecine, mais il ne s'intéressait aucunement à sa santé. Quand il était malade, il se contentait d'interrompre ses audiences et de s'enfermer dans son palais. C'est ce qu'il fit en janvier 1954, lorsqu'il fut sujet à de fréquentes crises de hoquet – un mal particulièrement gênant pour un pape dont le métier est de parler en public. Galeazzi-Lisi conseilla au pape un endocrinologue suisse, le docteur Paul Niehans, qui prétendait soigner ses patients en introduisant dans leurs organes malades des extraits d'organes correspondants prélevés sur des animaux vivants. À trois reprises, cette année-là, il injecta au malheureux Pie XII des « cellules vives d'hippopotame » qui ne firent qu'aggraver l'état du malade.

Le 2 décembre 1954, lors d'une crise violente qui fit craindre pour la vie du pontife, Galeazzi-Lisi se résolut à avertir les principaux collaborateurs du pape, les archevêques Tardini et Dell'Acqua, ainsi que ses deux neveux attachés à l'administration du Vatican. Lesquels ont dû batailler auprès du malade – le saint homme préférait s'en remettre à Dieu et se préparait sereinement à la mort – pour convoquer d'autres médecins. Finalement, le chirurgien Paolucci di Valmaggiore, affolé par l'état de dénutrition de ce patient hors normes, lui transfusa du plasma en urgence et le soumit à un régime alimentaire drastique. Les radiographies – que Pie XII, curieusement, avait toujours refusé de faire – révélèrent une hernie à l'œsophage, responsable du fameux hoquet. Pie XII gagna quelques années de vie, Niehans fut discrètement écarté, mais Galeazzi-Lisi resta en place.

Émotion, confusion et louanges

Le 9 octobre 1958, alors que le même docteur Galeazzi-Lisi et son confrère napolitain Oreste Nuzzi procèdent à la toilette funèbre et à l'embaumement du corps du pape, on s'agite beaucoup dans les villas de Castel Gandolfo. Il y a là le cardinal Tisserant, doyen du collège cardinalice, Mgr Tardini, prosecrétaire d'État, et quelques autres prélats fort préoccupés. D'abord, Pie XII avait tellement l'habitude de tout faire lui-même qu'il n'avait pas nommé de camerlingue : qui doit être désigné pour faire ce travail d'intérim ? Ensuite, la question cruciale que se posent tous les cardinaux : lequel d'entre eux sera assez digne de succéder à un tel personnage ?

En pleine confusion générale, le cardinal Tisserant, doyen du Sacré Collège, procède à trois nominations : celle du camerlingue en la personne du vieux cardinal Aloisi Masella, soixante-dix-neuf ans, ancien nonce au Brésil, qui ne quittera plus le sceptre de velours rouge, emblème de sa charge ; celle de l'organisateur des obsèques, Mgr Enrico Dante, préfet de la congrégation des Cérémonies pontificales, où il officie depuis 1914 ; et celle du secrétaire du conclave, Mgr Alberto Di Jorio, le seul homme capable de se retrouver dans les finances du Vatican, où il a fait toute sa carrière, ce qui n'est pas négligeable quand il s'agit de financer un conclave !

Enfin, le cardinal Tisserant, qui déteste Sœur Pascalina, prend sur lui et, la barbe frémissante, emmène la sulfureuse gouvernante de Pie XII au Vatican : sans elle, impossible de retrouver le testament du pape défunt ! Devançant les critiques de quelques prélats, Tisserant se justifie par un bon mot :

> C'est le seul homme qu'il y ait au Vatican !

Puis les scellés sont posés sur l'appartement papal. Pascalina restera quelques jours dans l'appartement voisin, ainsi que les deux autres sœurs allemandes chargées de la vie quotidienne du pape : Maria Carmela, la cuisinière, et

Ewaldis, l'habilleuse. Mais la gouvernante et ses deux acolytes devront quitter les lieux sans délai. Et sans appel.

Le vendredi 10 octobre, à 14h25, alors que les cloches de Castel Gandolfo sonnent le glas, un cortège de douze voitures se met en place autour du char funèbre. Les gardes suisses affectés à la garde rapprochée du cercueil ne sont pas à la fête : l'embaumement du corps a été si mal réalisé que le cadavre empeste ! Le convoi s'ébranle en direction de Rome, emprunte la via Appia Antica bordée de pins et de cyprès, s'arrête longuement à la basilique Saint-Jean-de-Latran, siège de l'évêque de Rome, puis remonte lentement vers la place Saint-Pierre où, à la nuit tombée, une foule immense pleure la disparition de ce pape hors du commun.

Pour les Romains, Pie XII restera le *defensor civitatis*, le sauveur de la Ville éternelle qui, en 1944, lui a évité les épouvantables destructions que lui auraient fait subir combats et bombardements. Chacun a en tête l'image poignante du pape Pacelli plongé dans la foule des victimes du bombardement du quartier de San Lorenzo, en juillet 1943, les bras grands ouverts, le regard bouleversé et la soutane maculée. Bien avant que se pose la question de sa béatification, les habitants de Rome considèrent Pie XII comme un saint.

Pendant une semaine, environ deux millions de fidèles viennent rendre hommage à la dépouille papale, qui repose sur un grand catafalque sang et or, posé sur un plan incliné, tourné vers l'entrée de la basilique. Chaque soir, les embaumeurs du pape, armés de petites valises, escaladent le catafalque et procèdent à des opérations macabres et compliquées pour que le malheureux cadavre fasse illusion jusqu'aux obsèques, fixées au 13 octobre. Ce jour-là, cinq cent mille personnes massées autour de la place Saint-Pierre et les représentants d'une soixantaine de nations assistent à la grandiose cérémonie qui se termine par la *tumulatio*, la

« mise en terre » du cercueil, enfin fermé, dans la crypte où se trouve déjà le tombeau de saint Pierre.

Les condoléances affluent, venant de toute la terre. De la reine Élisabeth d'Angleterre au général de Gaulle, du président Eisenhower à Golda Meir, chef de la diplomatie israélienne, ce ne sont que regrets éplorés, hommages passionnés et témoignages vibrants. C'est le pape d'une époque particulièrement riche et troublée que l'on salue. Le dernier pape d'une certaine période de l'histoire de l'Église catholique. Le philosophe catholique Jean Guitton, qui l'a bien connu, a une formule aussi succincte que prémonitoire :

> Il n'y aura jamais de Pie XIII.

Le conclave qui se prépare va lui donner raison.

Deux tiers des voix plus une

Vendredi 24 octobre 1958. Comme à chaque fois qu'un pape décède, une effervescence exceptionnelle a gagné toute la Cité du Vatican. Maçons, charpentiers, menuisiers ont envahi la basilique, le palais apostolique et la chapelle Sixtine. Les journalistes du monde entier, venus par centaines couvrir les obsèques du pape défunt, errent autour de la basilique et dans les rues voisines. Les Romains eux-mêmes s'excitent avec ça, le matin, dans les cafés de la ville, comme s'il s'agissait d'un sport national.

C'est la première fois que l'élection du pape va se dérouler selon les nouvelles règles décrétées en décembre 1945 dans la constitution *Vacantis apostolicae sedis*. Pie XII, auteur de ce document, avait notamment insisté sur la règle du secret, que les cardinaux devaient « promettre et jurer principalement » de respecter « très scrupuleusement » et de « ne violer d'aucune façon même après l'élection du nouveau pontife » sous peine d'excommunication. Cette règle ne sera jamais totalement respectée – les cardinaux sont des hommes comme les autres, et il se trouve toujours des conclavistes indiscrets, distraits ou bavards –, mais elle n'a pas facilité aux historiens la connaissance de ce conclave-là.

À la fin de cette constitution nouvelle, on trouve un discret article 91 qui a échappé à bien des observateurs : Pie XII spécifie, de sa main, que « toutes ces règles doivent être observées même s'il arrive que la vacance du siège apostolique se produise *par renonciation du souverain pontife* à sa charge ». Ce qui veut dire que la démission d'un pape n'est aucunement une hypothèse absurde. Pie XII y avait songé pour lui-même pendant la guerre, quand il apprit que Hitler avait conçu le projet de l'enlever : l'idée était qu'on ne pouvait pas faire pression sur un pape qui n'était plus pape ! À plusieurs reprises, à partir de 1954, il envisagera de démissionner à cause de ses ennuis de santé : Sœur Pascalina raconte, dans ses mémoires, qu'elle trouva un brouillon en ce sens, en janvier 1955, dans les papiers qui traînaient sur son bureau.

À la mort de Pie XII, le Sacré Collège ne compte que cinquante-cinq membres. Mais lorsque les cardinaux entrent majestueusement dans la chapelle Sixtine, le samedi 25 octobre, à 16 heures, leur nombre s'est encore réduit. Deux d'entre eux sont absents : le cardinal yougoslave Alojzije Stepinac, condamné par le maréchal Tito et bloqué à Belgrade ; et le cardinal József Mindszenty, réfugié dans le bâtiment de la légation américaine à Budapest depuis l'entrée des chars soviétiques dans la capitale hongroise en 1956. D'autre part, deux cardinaux ont rendu l'âme juste avant l'ouverture : le vieux Celso Costantini, qui fut l'évangélisateur de la Chine dans les années vingt, décédé la veille dans une clinique romaine ; et l'américain Edward Mooney, archevêque de Détroit, qui s'est effondré sans vie, ce jour-là, juste avant d'entrer dans la basilique.

Ce qui porte le nombre des électeurs à cinquante et un, et le seuil de l'éligibilité à 35 voix. Ce dernier chiffre suscite de nombreux commentaires : c'est Pie XII qui a fixé le seuil fatidique « aux deux tiers des voix plus une ». Pourquoi « plus une » ? Pour en finir avec le processus très compliqué imaginé un demi-siècle plus tôt par Pie X, visant à ce que le nouveau pape, dans le secret du vote, ne puisse être élu par sa propre voix. Cette fois, il y aura toujours un bulletin de plus que le nombre exigé !

Une succession impossible

Une autre nouveauté fait le bonheur des journalistes : le nombre des cardinaux italiens (dix-huit) s'est considérablement réduit par rapport aux « étrangers » (trente-sept). Certes, personne n'ose encore imaginer que le conclave puisse élire un pape non italien, mais journalistes et diplomates font figurer, pour la forme, quelques « non-Italiens » dans les listes de *papabili* qu'ils publient dans les journaux ou qu'ils envoient à leurs chancelleries. Le plus fréquemment cité est le cardinal Agagianian, patriarche des Arméniens, préfet de la Propagande – la congrégation qui gère les missionnaires du monde entier. Le patriarche bénéficie d'un respect quasi unanime. Certes, il n'est pas italien, mais il a toujours vécu à Rome. Son handicap tient plutôt à la communauté qu'il représente, les catholiques arméniens étant de rite byzantin : un pape catholique de rite oriental, ce serait une preuve d'ouverture inattendue à laquelle, sans doute, la curie n'est pas encore prête.

Figurent aussi parmi les *papabili* quelques respectables vieillards comme Eugène Tisserant, soixante-quatorze ans, doyen du collège cardinalice, ancien collaborateur de Pie XI, à la carrière brillante, au caractère difficile et au parler cru ; ou Gaetano Cicognani, soixante-dix-sept ans, ex-nonce à Vienne, mais surtout ancien nonce à Madrid où il côtoya volontiers, pendant de trop longues années, le général Franco ; ou encore le patron du Saint-Office, le très conservateur Alfredo Ottaviani, soixante-huit ans, gardien du dogme et autorité redoutée, mais dont les chances sont réduites en raison d'une vue gravement déclinante.

D'autres noms sont souvent cités : Giacomo Lercaro, soixante-sept ans, archevêque de Bologne, aux orientations sociales affichées ; Ernesto Ruffini, soixante-dix ans, archevêque de Palerme, un ancien du Saint-Office réputé pour son conservatisme et pour ses liens avec la mafia sicilienne ; Giuseppe Siri, cinquante-deux ans, ancien pupille de Pie XII promu archevêque de Gênes, dont le statut de benjamin représente un handicap quasi insurmontable ; on cite aussi le nom de Giovanni Battista Montini, soixante et un ans, ancien bras droit de Pie XII devenu archevêque de Milan, le plus intelligent et le plus ouvert, mais qui n'est pas cardinal…

Un autre nom est apparu dans les pronostics : celui d'Angelo Roncalli, patriarche de Venise, archevêque rassurant, homme de bon sens, bien connu de ses collègues français puisqu'il fut, pendant huit années, nonce apostolique à Paris. Il jouit de l'estime bienveillante de ses collègues, sauf à la curie où on le tient pour un personnage falot et sans culture. Quand on lui parlait de Roncalli, le prosecrétaire d'État Mgr Tardini avait l'habitude de lever les yeux au ciel et de hausser les épaules !

Angelo Roncalli a soixante-dix-sept ans. Ce handicap est-il rédhibitoire ? Le long pontificat de Pie XII, qui n'a pas cru bon de renouveler le collège des cardinaux depuis 1953, a provoqué un net vieillissement de ceux-ci, souvent septuagénaires ou octogénaires. À l'époque, les cardinaux sont électeurs à vie – c'est Paul VI, plus tard, qui fixera l'âge limite à quatre-vingts ans – et un cardinal comme le Chilien Caro Rodríguez, quatre-vingt-douze ans, entend bien voter comme ses éminents collègues.

De Gaulle s'en mêle

L'opinion commune, alors, est que la succession de Pie XII est une gageure : d'abord, Eugenio Pacelli a été une personnalité exceptionnelle, à laquelle aucun de ses successeurs potentiels ne peut être comparé ; ensuite, il sera difficile, après un pontificat aussi peu réformateur, de remettre l'Église sur les rails de la modernité. Une expression apparaît dans les journaux, qui fera florès : il faut à l'Église un « pape de transition » qui lui permette de digérer la mort de Pie XII et de souffler quelque temps en attendant de se donner un nouveau patron, un nouveau cap, un nouveau projet. Qu'importe, dans cette hypothèse, si ce « pape de transition » frise les quatre-vingts ans. Roncalli ne pourrait-il être celui-là ?

C'est l'avis d'un personnage qui, logiquement, ne devrait pas intervenir dans ce récit. Le général de Gaulle vient de revenir au pouvoir en France. Bien sûr, il sait que le privilège d'« exclusive » n'est plus de mise, mais il est convaincu de l'importance, pour la France, d'avoir de bonnes relations avec le pape. Le Général a gardé un mauvais souvenir de sa négociation sur le remplacement des évêques, à la Libération. Et il sait l'influence dont le chef de l'Église dispose encore sur quelques grandes nations catholiques avec lesquelles il va avoir à faire, notamment dans le cadre européen.

Dès la mort de Pie XII, le 10 octobre, le nouveau président du Conseil a convoqué à Paris son ambassadeur, Roland de Margerie, qui a sauté dans un avion et, dès le 11 octobre, brosse devant le Général le portrait de tous les *papabili* : Ruffini ? Trop réactionnaire pour ne pas poser des problèmes. Pizzardo ? Il déteste les évêques de France. Ottaviani ? Lercaro ? Roncalli, l'ancien nonce à Paris ? Margerie dissèque soigneusement chaque hypothèse. De Gaulle écoute, demande des éclaircissements, pèse les arguments en faveur des uns et des autres. Et conclut :

> Le meilleur candidat, du point de vue français, c'est donc Roncalli ?

L'ambassadeur opine de la tête.

> Alors, allez-y, foncez !

Et Margerie de sauter dans l'avion du retour, afin de mener campagne, aussi discrètement que possible, en faveur de Roncalli : dîners avec les cardinaux français, rencontres avec les ambassadeurs des pays amis, échanges avec un maximum de cardinaux étrangers, dont le patriarche d'Antioche, le cardinal Tappouni, qui réside à Beyrouth et qui ne peut rien refuser au général de Gaulle. Lui aussi votera pour Roncalli…

Onze tours de scrutin

Le samedi 25 octobre, quand les cinquante et un cardinaux électeurs pénètrent dans la chapelle Sixtine pour assister à la messe solennelle *pro eligendo romano pontifice* (« pour élire le pape de Rome »), personne ne sait ce qui va sortir de ce conclave. Après tout, pourquoi les cardinaux ne voteraient-ils pas pour Pizzardo, Ciriaci, Mimmi ou Valeri ? Ou d'autres encore ? Le jeu n'a jamais été si ouvert.

Le cardinal Roncalli, lui, a un pressentiment. Il a discrètement donné des instructions, à Venise, pour faire venir à Rome son neveu Battista au cas où il serait élu ; ensuite, il a demandé à son secrétaire de se renseigner très minutieusement sur la succession des papes ayant pris le nom de Jean. Et puis il n'ignore pas les rumeurs, les ragots et les petites manipulations qui remplissent les colonnes de la presse italienne : ne dit-on pas méchamment que la sœur d'Agagianian est proche des Soviétiques ? Et que lui-même, Roncalli, fait du diabète ?

Il y aura onze scrutins successifs, à raison de quatre par jour, deux le matin, deux l'après-midi, validés, pour les dix premiers, par une fumée noire – laquelle n'est presque jamais nette, surtout à la fin du jour, quand la cheminée de la Sixtine est à contre-jour et que la nuit tombe sur Rome…

Lors des quatre scrutins du dimanche, les électeurs balaient de nombreuses hypothèses : Ottaviani, Agagianian, Tisserant, le polonais Wyszyński, le portugais Cerejeira… On tâtonne, on explore, on teste. Le Saint-Esprit hésite. Le lundi matin, on essaie Masella, le vieux camerlingue, en vain. Le lundi soir, les noms d'Agagianian et de Roncalli semblent se détacher du lot, mais sans parvenir à se départager. Mardi, en fin de matinée, l'issue semble imminente, puisqu'on apporte de chez Gammarelli, le tailleur officiel de la maison pontificale, les trois traditionnelles aubes blanches – petite taille, taille moyenne, grande taille. De fait, le mardi, au onzième tour de scrutin, Roncalli obtient 36 voix (on le sait par une petite note trouvée dans l'agenda personnel du cardinal Tisserant après la mort de celui-ci). Cela suffit. L'Église catholique, à cette minute, a un nouveau chef. Encore ne connaît-elle pas son nom de pape :

> Vénérables frères, je m'appellerai Jean...

Quelques cardinaux hochent la tête. Roncalli a visiblement réfléchi au nom qu'il choisirait en cas d'élection. Qu'il ait renoncé, par humilité, à s'inscrire dans la lignée des Pie, ce n'est pas une surprise. On comprend qu'il a déjà étudié la liste des papes Jean, afin de ne pas se tromper de chiffre – car il y eut déjà dans l'histoire un Jean XXIII que le concile de Constance, en 1415, n'a pas validé. Roncalli a même eu le temps de vérifier que la plupart des Jean ont eu des règnes très courts !

C'est le vénérable cardinal-diacre Nicola Canali, après une interminable attente, qui s'avance enfin vers le balcon de la loggia de Saint-Pierre et annonce la bonne nouvelle :

> *Annuntio vobis gaudium magnum : habemus papam !*

Et voici qu'apparaît sous les applaudissements de la foule, serré dans une aube trop étroite pour sa sympathique corpulence, celui qui sera bientôt appelé le « bon pape Jean ».

Le surnom aura la faveur des journalistes, qui s'entichent très vite du nouveau pontife. Il faut dire que Jean XXIII, à peine élu, reçoit la presse dans la grande salle Clémentine, en grand tralala protocolaire – les gardes nobles ressortent soudain des placards, avec leur casque à crinière, ainsi que tous les prélats de l'« antichambre pontificale » – mais s'adresse aux journalistes avec une simplicité inattendue : le nouveau pape, débonnaire et bonhomme, improvise un discours dont ses auditeurs auront bien du mal à reconstituer la teneur, tant le propos est décousu !

Tout le contraire de Pacelli

Angelo Giuseppe Roncalli est tout le contraire d'Eugenio Pacelli. Il n'est pas né dans un immeuble huppé du centre de Rome, mais dans une ferme de Sotto il Monte, près de Bergame, en novembre 1881. Dans la ferme vivaient les treize enfants de Giovanni Battista et Marianna Roncalli – Angelo est le quatrième – ainsi que les dix enfants du cousin Luigi Roncalli ! Le gamin a connu la campagne, la nature, mais aussi la promiscuité et la pauvreté. La foi en Dieu, également : angélus le matin, chapelet le soir, toujours en famille. Seul tel pèlerinage, parfois, ou telle cérémonie religieuse venait rompre la monotonie du travail de la terre. Et si le curé de la paroisse n'avait pas repéré l'intelligence du petit Angelino, jamais le garçon ne serait entré au collège voisin de Celana, puis au séminaire de Bergame…

Un « bon garçon », un peu timide, malin, gourmand et très bavard. Rien à voir avec le séminariste studieux et austère qu'était le jeune Eugenio Pacelli ! Angelo Roncalli a la foi chevillée au corps, ce qui lui vaut d'être envoyé comme boursier à Rome, à dix-neuf ans. Il va passer plusieurs années au séminaire de l'Apollinaire, juste à côté de la place Navone, non sans garder de la terre de Bergame à la semelle de ses souliers. Toute sa vie, Roncalli passera pour un provincial, voire un paysan. Comment n'envierait-il pas ce jeune professeur qui lui fait passer l'épreuve écrite du doctorat, à Saint-Jean-de-Latran, un peu avant Noël 1903 ? Le surveillant, un grand jeune homme élégant, au visage sévère, au regard brillant caché derrière des lunettes délicates, s'appelle Eugenio Pacelli…

Ordonné en août 1904, Roncalli devient le secrétaire de l'évêque de Bergame. Il est obéissant de nature et n'a aucune ambition personnelle. Mais il est travailleur, il lit avidement les journaux et il a un contact exceptionnel avec les gens qu'il rencontre. Roncalli aurait pu rester toute sa vie professeur au séminaire de Bergame, là même où il a fait ses études, si le pape Benoît XV, sur le conseil de son ami Mgr Radini Tedeschi, évêque de l'endroit, ne l'avait pas fait venir à Rome en 1921 : les missions sont en pleine expansion dans le monde entier, et la congrégation pour la Propagation de la foi (*Propaganda fide*) recrute. Le hasard fait que Benoît XV meurt l'année suivante et qu'il est remplacé par un pape obnubilé par la vocation missionnaire de l'Église. Combien de fois a-t-on entendu Pie XI se livrer à cette réflexion désespérée :

> L'idée qu'il y a sur la terre un milliard d'hommes qui ignorent le Christ m'empêche littéralement de dormir !

Pie XI a appris à connaître Roncalli, qui n'imagine pas une seconde le sort que lui réserve le nouveau pape. Quand celui-ci décide de renouer des liens avec l'Orient orthodoxe et qu'il entend créer un poste de « visiteur apostolique » en Bulgarie, il pense à ce collaborateur au profil bien peu diplomatique : bonhomie de caractère, souplesse d'esprit, obéissance dévouée, bonne humeur constante, en voilà un qui ne choquera pas les autochtones par un comportement arrogant ou précieux ! Consacré évêque pour la circonstance, Roncalli part pour cette mission diplomatique de courte durée... qui va se prolonger neuf ans.

Neuf ans loin de Rome, de sa bureaucratie envahissante, de la curie et de ses intrigues. Neuf ans loin du pape, du pouvoir, des honneurs et des belles carrières. Va-t-il au moins devenir nonce, c'est-à-dire ambassadeur à part entière ? Point du tout : en 1934, il est affecté à Istanbul comme « délégué apostolique » pour la Turquie et la Grèce. Ce n'est pas une promotion.

Mais Roncalli fait son métier. Il représente Pie XI, puis Pie XII dans ces deux pays où l'on n'a pas de sympathie pour le pape ni pour la religion qu'il incarne : en Turquie, la population est musulmane et le régime, laïque ; en Grèce, l'orthodoxie est religion d'État et n'entend pas partager son pouvoir.

Le 6 décembre 1944, dans son bureau du quartier Pangalti, à Istanbul, Mgr Roncalli reçoit un télégramme codé. Comme son chiffreur est en déplacement, c'est lui qui se met à le décrypter, lettre après lettre : « LE... SAINT-PÈRE... A L'INTENTION... DE VOUS NOMMER... NONCE À PARIS... TÉLÉGRAPHIEZ SI ACCEPTEZ. » Signé : « TARDINI, SUBSTITUT ». Pour une surprise, c'est une surprise ! Y compris pour le signataire du télégramme : quand Roncalli débarque à Rome, Tardini ne lui cache pas que sa nomination tient exclusivement à la volonté de Pie XII...

Huit ans à Paris

Le choix de Pie XII tient aussi aux circonstances très particulières dans lesquelles le Saint-Siège doit négocier avec le nouveau gouvernement français mis en place à la Libération. D'abord, à peine le général de Gaulle est-il installé au pouvoir qu'il décide de renvoyer tous les ambassadeurs ayant suivi le maréchal Pétain à Vichy : la personne de Mgr Valerio Valeri, le nonce apostolique accrédité à Vichy, n'est pas en cause, mais il ne saurait faire exception à la règle. Ensuite, il va falloir gérer l'épuration qui, en France, n'épargne pas les évêques. Ceux qui ont entretenu des relations un peu trop cordiales avec l'occupant sont pris à partie, des comités issus de la Résistance exigent leur destitution. Le ministre des Affaires étrangères, Georges Bidault, fait savoir qu'une trentaine d'évêques seraient visés. Le tiers de l'épiscopat !

Remplacer Mgr Valeri par un diplomate de carrière, était-ce judicieux ? Pie XII pensa à Roncalli, un bon gros évêque rassurant, gentil et fin négociateur. À la curie, on sait que Roncalli a sauvé beaucoup de Juifs dans les Balkans pendant la guerre : aux yeux des nouvelles autorités françaises, cela ne peut pas nuire. Dès son arrivée en France, Roncalli comprend que la tension entre le Saint-Siège et la « fille aînée de l'Église » est réelle : quand le nouveau nonce débarque à Villacoublay pour prendre son poste, le 30 décembre 1944, personne ne l'attend à sa descente d'avion.

À Paris, quand le directeur des cultes au ministère de l'Intérieur, chargé d'instruire le dossier, fait connaissance avec le nouveau nonce, il décrit « un bon paysan italien, un peu lourd, qui dissimule une grande finesse ». Roncalli, sans se départir d'un bon sourire, conteste les accusations non fondées, exige des preuves qui ne soient pas des coupures de journaux, argue que certains des futurs « épurés » – Liénart, Gerlier, Suhard – ont eu un comportement notoirement courageux face aux Allemands. L'un des prélats en accusation, Mgr Piguet, évêque de Clermont-Ferrand, n'a-t-il pas été arrêté par les nazis et déporté à Dachau ?

Mais la société est en crise, l'épuration est impitoyable, la raison est impuissante face aux dénonciations, aux polémiques, aux insultes, aux cris de vengeance. Alors Roncalli décide de gagner du temps. Il « fait de la fumée » et parfois, selon sa propre expression, il « fait l'imbécile ». Les dirigeants politiques sont impatients d'en finir. En février, la liste est réduite à douze noms. En mai, les « épurés » condamnés à la démission ne sont plus que sept ! Le nonce, mine de rien, fait en sorte que trois évêques ayant aidé la Résistance, dont Mgr Saliège, archevêque de Toulouse, soient faits cardinaux par Pie XII. La bonhomie tranquille, la patience enjouée et l'habileté du nouveau nonce ont payé.

Roncalli a passé huit années à Paris. C'est dire si les Français, flattés par le choix du conclave, connaissent bien le nouveau pape : sa passion pour les provinces françaises, qu'il a toutes visitées ; ses *fioretti* (bons mots) lors des repas officiels ; sa façon unique d'éviter les sujets qui fâchent… Du sommet du gouvernement à la tête de l'Église de France, on a apprécié son extrême urbanité, sa diplomatie tranquille, sa foi incontestable, sa fidélité à l'Église officielle. Il n'y a qu'une chose que personne, en France, n'avait imaginée : c'est que ce nonce-là devienne pape !

C'est exactement le sentiment qui courait à Venise, quelques années plus tard, à propos du nouveau patriarche : le cardinal Roncalli, débarqué de France en 1953 à l'âge de soixante-douze ans, était un brave archevêque qui rompait avec l'autoritarisme de son prédécesseur, qui avait entrepris de réformer tranquillement le diocèse, qui avait accueilli sans barguigner sur son territoire le congrès du Parti socialiste italien, qui parlait de « diplomatie du cœur » : un sympathique pasteur, au langage simple et libre, dont le séjour à la basilique Saint-Marc ressemblait à un début de retraite bien méritée. Mais les desseins de Dieu sont décidément impénétrables…

Un concile, rien que cela !

Rome, dimanche 25 janvier 1959. Le pape Jean XXIII, élu quatre-vingt-dix jours plus tôt, clôture la traditionnelle Semaine de prière pour l'unité des chrétiens à la basilique Saint-Paul-hors-les-Murs. Après la cérémonie, lors d'un consistoire secret improvisé au premier étage des bâtiments conventuels, dans la salle du chapitre des moines bénédictins, il a prévu de prendre la parole devant une petite vingtaine de cardinaux placides qui ne savent pas que le ciel va leur tomber sur la tête :

> Vénérables frères et chers fils...

Rien ne laisse à penser que son allocution va prendre place dans l'Histoire. Pourtant, les représentants du Sacré Collège lèvent les yeux, attentifs, lorsque le pape en vient au but de la réunion :

> C'est avec un tremblement d'émotion...

Pourquoi le pape est-il ému ? Parce que ce vieux pontife sans charisme, que l'on disait « de transition », annonce soudain deux décisions majeures :

> ... un synode pour le diocèse de Rome et un concile œcuménique pour l'Église universelle.

Un synode, un concile, rien que cela ! Et en prime, ajoute-t-il, la mise à jour du code de droit canonique ! Trois chantiers, trois ouvertures « importantes » suggérées au pape, selon ses propres termes, par ses « premiers mois de présence et de contact avec le milieu ecclésiastique de Rome ». L'objectif, à la fois simplissime et très ambitieux, est, « dans cette époque de rénovation », de « clarifier la pensée, resserrer l'unité religieuse, raviver la ferveur chrétienne ». Un mot résume le tout, un mot italien qui fera florès : l'Église doit faire son *aggiornamento*. Sa « mise à jour ».

Le vieux pape confiera plus tard à son secrétaire, don Loris Capovilla, qu'il fut déconcerté par la « stupeur » qui saisit les cardinaux. Il s'attendait à être entouré, félicité par eux, peut-être critiqué. Son discours, au contraire, fut salué par un silence pesant. Pas un mot, pas un applaudissement, pas même un mouvement. Les cardinaux sont restés bouche bée. Ils ont vite compris qu'il ne s'agissait pas là d'un vœu pieux, d'une aimable invitation à la réflexion, mais d'une « décision » prise, selon les mots du pape lui-même, avec « résolution » et « détermination ».

Le seul à n'être pas surpris, c'est Mgr Domenico Tardini, que Jean XXIII vient de nommer à la fois secrétaire d'État et cardinal, et qu'il a informé, quatre jours plus tôt, de son « programme » : synode romain, concile œcuménique, mise à jour du code canonique. Selon le récit du pape, Tardini avait ouvert « des yeux grands comme cela », mais sa réaction positive avait comme soulagé le vieux pontife qui, à quelques rares et discrètes exceptions, n'avait consulté personne. La décision de convoquer le concile fut vraiment la volonté de Roncalli, et de lui seul.

La nouvelle fit le tour du monde en quelques heures. Elle suscita beaucoup de réactions, parfois très positives, notamment en Europe du Nord, en Allemagne, au Canada, en France. À Paris, le journal *la Croix* titre le lendemain : « Un geste de tranquille audace ». Curieusement, plus on descend dans la hiérarchie de l'Église et plus on est enthousiaste. Dans certaines congrégations religieuses, au niveau des laïques engagés, chez les intellectuels, dans les « mouvements » d'action catholique, on voudrait tant que l'Église change enfin !

À Rome, en revanche, c'est la perplexité qui domine. On chercherait en vain, aujourd'hui, la réaction de *l'Osservatore romano* : le journal du Saint-Siège n'a pas publié l'intervention papale de Saint-Paul-hors-les-Murs, se contentant d'un communiqué de vingt-trois lignes, ampoulé et laconique, de la secrétairerie d'État. Ni le lendemain ni dans les jours qui suivent le quotidien du Vatican ne fait mention du futur Concile. Même discrétion dans la très importante revue *la Civiltà Cattolica*, fleuron de la Compagnie de Jésus, qui fait l'impasse sur le texte du pape et ne consacrera au Concile, pendant toute l'année 1959, qu'une simple « revue de presse » dans son numéro d'avril !

La curie renâcle

Même à propos du volet œcuménique du projet de Jean XXIII, qui paraîtra plus tard si évident et qui provoque aussitôt un grand intérêt chez nombre de responsables protestants et orthodoxes, la curie fait le gros dos. Pis, on commence à intriguer. Du côté de la Sacrée Congrégation du Saint-Office, on s'emploie à enfermer la formidable intuition du pape dans un étroit corset de bureaucratie et de dogmatisme. Le théologien Yves Congar, fin observateur, note dans son *Journal du Concile* :

> On a l'impression qu'à Rome, toute une équipe s'applique à saboter le projet du pape !

Jean XXIII suit tout cela de près. Il n'est pas aveugle. Il est immédiatement alerté quand « quelque manœuvre mesquine se trame dans son dos », comme dit son ami le cardinal König. Mais il a, lui, le regard sur l'horizon. Il est le seul, ou presque, à vouloir sauvegarder à tout prix, dans ces débats virulents et ces manœuvres de couloir, l'orientation *spirituelle* de Vatican II. Il répète sur tous les tons qu'il est optimiste et qu'il a confiance – il est bien le seul –, mais il sait, au fond de lui-même, que la bataille sera âpre, jusqu'au bout. Il voit se dessiner, de plus en plus profond, le clivage entre les partisans de l'adaptation de l'Église au monde moderne et les tenants du conservatisme qui rédigent les

« schémas » préparatoires en y biffant, avec constance, toute innovation suspecte.

Mais le pape ne peut risquer de casser l'Église en deux. Le 19 juin 1962, il suit avec inquiétude l'affrontement dramatique qui oppose, dans le cadre de la commission centrale, les deux porteurs de schémas radicalement incompatibles sur le sujet de la liberté religieuse : Ottaviani et Bea, s'invectivant debout, comme dans un parlement ! Jean XXIII a-t-il ouvert une boîte de Pandore ? Il entend rester fidèle à sa ligne de conduite et ne pas peser sur les débats conciliaires. Mais il voit bien que le Concile risque fort d'être une assemblée docile sans autre fonction que d'entériner tout ce que la curie aura doctement programmé.

Un fait nouveau, intime, va changer la donne. Le 23 septembre, Jean XXIII termine sa retraite spirituelle dans l'oratoire de la tour Saint-Jean, à deux pas du palais apostolique, quand son médecin personnel demande à le voir. Dans le plus grand secret, ces derniers jours, le vieux pontife a procédé à quelques analyses médicales. Le résultat de ces tests est sans appel, et confirme son intuition : il est condamné. Il ne verra sans doute pas la fin du Concile. Il n'a plus rien à perdre.

Le pape Roncalli s'assoit alors à sa table de travail, au troisième étage du palais apostolique, et commence à rédiger le discours qu'il prononcera le 11 octobre, jour de l'inauguration du concile Vatican II dans la basilique Saint-Pierre. D'une traite. Sans aide, sans notes. Et sans collaborateur, à l'exception d'un abbé qui assure la traduction du texte en latin. C'est « avec la farine de son propre sac », comme il dit, que Jean XXIII explique que le Concile doit permettre à l'Église « de se consacrer résolument et sans crainte à l'œuvre que réclame notre époque ». Il fustige les « prophètes de malheur » qui l'entourent et affirme que l'Église « préfère recourir au remède de la miséricorde plutôt que brandir les armes de la sévérité ». Le pape Roncalli écrit sans peur. Délibérément, avec confiance, le « bon pape Jean » projette les catholiques dans l'avenir.

C'est l'histoire de l'Église qui bascule. Ce jour-là, Pie XII meurt pour la seconde fois.

Le temps des incertitudes

Les papes passent, la curie reste.

Proverbe romain

Jean XXIII n'a pas vu la fin du Concile. Il est mort le 3 juin 1963. Après la semaine sainte, le pape avait continué à recevoir, à célébrer, à se tenir au courant des choses du monde et de l'Église, mais il souffrait de plus en plus. À partir du 17 mai, il n'a plus été capable de dire la messe. Sa dernière audience, le 20 mai, fut pour le cardinal polonais Stefan Wyszyński. Au chevet du mourant se sont ensuite relayés son secrétaire, Mgr Capovilla, son confesseur, Mgr Cavagna, et ses médecins, les docteurs Valdoni, Gasbarrini et Mazzoni. Lorsqu'il n'eut plus le moindre espoir, Jean XXIII dit à Capovilla :

> Aidez-moi à mourir comme il convient à un évêque et à un pape…

Les cardinaux de curie, la domesticité du palais apostolique et la nombreuse famille du pontife ont accompagné le vieil homme qui eut, jusqu'au bout, la simplicité de parole dont il usa toute sa vie. Ainsi, quand il lança à l'un de ses frères assis au pied du lit :

> Zaverio, écarte-toi, tu me caches le crucifix !

Angelo Giuseppe Roncalli rendit l'âme à Dieu le lundi de Pentecôte, à 19h45. Il est mort serein. Dehors, sous ses fenêtres, vingt mille fidèles priaient silencieusement pour le repos de son âme. Beaucoup de jeunes s'étaient donné rendez-vous place Saint-Pierre, émus, attentifs, pour veiller le pape agonisant comme on veille un grand-père dans ses derniers instants.

De Roncalli à Montini

Le cancer qui minait Jean XXIII – les communiqués officiels parlaient d'une « maladie gastrique » – ne lui a pas accordé un grand répit. Pourtant, en quelques mois, le « bon pape Jean » a réussi à lancer le concile Vatican II dans le sens de la réforme et à publier dans l'urgence une des encycliques les plus importantes des temps modernes, *Pacem in terris*. Ce texte majeur, qui éclaire d'une lumière nouvelle les relations entre les hommes et les États, lui a été inspiré par la crise des missiles de Cuba qui faillit déclencher, en 1962, la guerre atomique. Jean XXIII lui-même a joué un rôle important dans cette affaire dramatique en utilisant ses rares et fragiles connexions avec la Russie soviétique pour convaincre Nikita Khrouchtchev – l'homme qui avait truffé Cuba de fusées menaçant le territoire américain – que la paix dépendait de lui, et qu'il n'était pas trop tard pour éviter l'apocalypse.

Quand on annonce la mort de Jean XXIII, l'émotion est mondiale. Les commentateurs déplorent la disparition d'un pape « réformateur », « humaniste », peut-être le plus « révolutionnaire » des temps modernes. On a déjà oublié que le promoteur de Vatican II était, à l'origine, un conservateur bon teint. N'avait-il pas condamné, pendant des années, avec constance, les thèses du père Teilhard de Chardin ? N'avait-il pas rétabli, au début de son pontificat, l'usage du latin dans la formation des séminaristes par un ordre solennel signé sur le tombeau de saint Pierre – auquel, d'ailleurs, personne n'a obéi ? Cet homme-là, à l'évidence, n'était pas destiné à bouleverser l'histoire de l'Église !

Même le Concile, à l'origine, était mal parti. Jean XXIII n'en avait-il pas laissé la préparation aux cardinaux les plus conservateurs de la curie, notamment à la toute-puissante commission théologique présidée – et verrouillée – par le cardinal Ottaviani ? Même le secrétaire d'État choisi par le nouveau pape, Domenico Tardini, considérait Vatican II comme un bon moyen de reprendre en main une Église traversée par de nombreux courants contestataires. Dans les couloirs de la curie, on disait avec un peu d'ironie : « Tardini règne, Ottaviani gouverne, Jean bénit. » La mort subite de Tardini, en juillet 1961, avait fragilisé le clan des conservateurs. Mais la curie restait arc-boutée à l'idée d'un concile rapide, entérinant en quelques votes solennels des textes interminables visant à perpétuer la doctrine, la tradition et la discipline.

Personne n'avait prévu que, d'un coup, le vent allait tourner. Le jour même de l'ouverture du Concile, le 11 octobre 1962, dans la basilique Saint-Pierre, les responsables de la curie ont perdu le pouvoir. À la stupéfaction générale. Encouragés par les applaudissements de centaines d'évêques partisans du changement, quelques cardinaux déterminés – le Français Liénart, l'Allemand Frings – ont modifié l'ordre du jour, changé la composition des commissions, imposé des thèmes audacieux. Les chefs de file de la résistance aux réformes – Ottaviani, Pizzardo, Ruffini, Siri – ont été débordés par ceux sur lesquels, au fil des mois, s'est appuyé le pape : Suenens, Liénart, Döpfner, Alfrink, Bea, Montini…

Montini, surtout. Giovanni Battista Montini, ancien bras droit de Pie XII, « exilé » à l'archevêché de Milan depuis 1954, était devenu un des animateurs de la commission préparatoire du Concile, où il s'est distingué pour son ouverture aux réformes. Lors de la première session, à l'automne 1962, c'est lui qui suggéra de mettre l'Église au cœur des préoccupations des pères conciliaires. Le 18 octobre, dans une longue lettre au nouveau secrétaire d'État, le cardinal Cicognani, Montini s'est inquiété de l'enlisement où se trouvait le Concile quelques jours après son ouverture, avant de dessiner un véritable programme pour les trois ans à venir. Il a notamment distingué tous les sujets qui concernent l'Église elle-même (*ad intra*) et tous ceux qui touchent aux rapports de l'Église avec le monde moderne (*ad extra*). Cette intuition va sauver le Concile. Montini deviendra, tout naturellement, l'animateur de la commission dite « de coordination » chargée, après la première session, d'organiser la suite de Vatican II, reportée à l'automne 1963.

Jean XXIII comprend qu'il ne verra pas la fin de son œuvre. Il se confie un jour à Suenens :

> Mon rôle fut de mettre à la mer l'énorme et lourd navire, un autre aura pour rôle de le mener au large !

Cet « autre », dans son esprit, c'est Montini. L'archevêque de Milan, devenu enfin cardinal, s'est révélé une figure majeure du Concile. Au point d'apparaître aux yeux de tous, à la mort de Jean XXIII, comme son successeur naturel.

Un conclave sans surprise

Il est 16h30, le 19 juin, quand la longue file des cardinaux traverse la salle Royale pour gagner la chapelle Pauline. À leur tête, le cardinal brésilien da Silva, quatre-vingt-sept ans. Fermant la marche, d'un pas pressé, comme s'il était en retard, le cardinal Montini, soixante-six ans. Jamais les électeurs du pape n'ont été si nombreux. En cinq ans de pontificat, Jean XXIII a créé cinquante-cinq cardinaux – un record – et porté à quatre-vingts membres la composition du Sacré Collège. Deux seulement manquent à l'appel: le Hongrois Mindszenty, toujours réfugié à l'ambassade américaine de Budapest, et l'Équatorien de la Torre, trop âgé pour faire le voyage de Quito.

Grâce au Concile et aux débats qu'il a suscités dans la presse internationale, on sait qui est qui. Depuis près d'un an, les journalistes ont multiplié les portraits et les interviews de ces hommes portés, pour la première fois, au premier plan de l'actualité mondiale. Tout le monde sait que l'Église compte, à son sommet, un bataillon de conservateurs peu favorables à la continuation de Vatican II: Ottaviani, le redoutable patron du Saint-Office; Pizzardo, son bras droit; Ruffini, l'archevêque de Palerme; Spellman, l'archevêque de New York; et le jeune archevêque de Gênes, Giuseppe Siri, cinquante-sept ans, très hostile à l'*aggiornamento*, à qui on doit cette terrible boutade, en guise d'éloge funèbre, à propos de Jean XXIII:

> Il faudra cinquante ans pour réparer les dégâts de ce pontificat!

Tous les observateurs, en Italie comme à l'étranger, connaissent les noms des principaux réformateurs, qui ne sont pas tous « progressistes », loin de là: le Belge Suenens, archevêque de Malines ; le Néerlandais Alfrink ; les Allemands Frings et Bea ; Lercaro, l'archevêque de Bologne ; et Montini, bien sûr, qui apparaît comme leur candidat naturel.

Le prochain pape figure, sans nul doute, dans une de ces deux listes. L'Église catholique court-elle le risque, à nouveau, de se scinder entre les partisans de l'ordre ancien et les partisans d'une Église ouverte à la modernité ? La première session du Concile a dangereusement creusé le fossé qui sépare les uns et les autres, parfois de façon spectaculaire. Si le conclave portait à la tête de l'Église le chef d'un « parti » élu contre l'autre « parti », le danger serait grand de la voir divisée en deux factions hostiles. La menace du schisme n'a jamais quitté cette institution deux fois millénaire. L'avenir montrera que ce risque n'était pas irréel.

Pourtant, en ce mois de juin 1963, le nom de Montini ne provoque pas cette crainte. C'est que l'archevêque de Milan apparaît, depuis la disparition de Tardini, comme le plus proche collaborateur de feu le pape Pie XII. La curie, il connaît ! La continuité, après tout, c'est lui. Et comme le prochain pontife devra mener à bien le Concile, quoi qu'il arrive, bon gré, mal gré, Montini va recueillir, assez vite, les suffrages des vieux de la vieille, les Ottaviani, Cicognani et autres Tisserant.

Pour être élu, cette fois, il faut atteindre 54 voix. Jean XXIII a confirmé la règle des deux tiers plus une voix. Mais il a aussi renforcé l'obligation de ne rien révéler du scrutin, et les confidences, sur cette élection, sont restées rares. Ce qui est sûr, c'est que la fumée s'échappant de la Sixtine, en ce jeudi 20 juin, est bien noire à midi et noire le soir. Les quatre premiers scrutins n'ont donc pas suffi à élire le nouveau pape. On croit savoir que Montini a atteint le seuil de l'élection dès le jeudi soir, mais qu'il a souhaité un vote plus clair, sinon unanime, pour montrer que le Sacré Collège n'est pas si divisé qu'on le dit.

Le vendredi matin, à 11 h 22, une fumée blanche avertit le monde extérieur que l'Église a un pape. C'est Ottaviani en personne qui s'avance, un peu plus tard, sur la loggia des bénédictions, pour prononcer la formule immuable :

Habemus papam !

Le vieux cardinal, curieusement, est euphorique. Pense-t-il que Montini, au fond, est un pis-aller et qu'il refrénera les velléités réformatrices des principaux animateurs du Concile ? Juste avant de pénétrer sur l'immense balcon qui domine la place Saint-Pierre, il s'est tourné vers ses pairs et a lâché, dans le dialecte romain de son ancien quartier du Trastevere :

Quant è 'bbello, er papa ! « Qu'il est beau, ce pape ! »

Quand Montini s'avance, la foule éclate en applaudissements et en cris de joie. Son élection n'est pas une surprise, mais, pour beaucoup, c'est un soulagement. Le nouveau pontife a décidé de s'appeler Paul. C'est une nouveauté. Une rupture, aussi, avec ses prédécesseurs Pie et Jean. Paul VI s'en expliquera quelques jours plus tard, mais chacun a compris le message : s'il place son pontificat sous l'inspiration de saint Paul, l'homme de l'« évangélisation universelle », le « pionnier de la presse d'opinion », l'« apôtre des gentils », c'est qu'il a bien l'intention de poursuivre l'œuvre de Vatican II.

Le nouveau pape a béni la foule. C'est l'heure du déjeuner. Les cardinaux décident de prendre un dernier repas ensemble avant de se disperser. Giovanni Battista Montini ne souhaite pas présider la tablée : dans un geste de simplicité très apprécié, il va reprendre la place qu'il occupait la veille au soir, au milieu de ses frères. On a déjà compris que Paul VI, dans sa manière de « faire le pape », ne serait pas un nouveau Pie XII. Mais on prend conscience, aussi, qu'on connaît peu cet homme plutôt discret.

La politique et la culture

Giovanni Battista Montini est né en septembre 1897 près de Brescia, dans le nord de la péninsule. Il est le premier pape issu d'un milieu à la fois bourgeois, intellectuel, politisé et engagé dans la société civile. Giorgio Montini et son épouse Giuditta, une femme pratiquant le piano, la danse, la peinture et la langue française, ont inculqué à leurs trois garçons, comme il convenait dans toute famille catholique respectable, le sens de l'engagement public, le souci des affaires sociales, le goût pour la culture et la maîtrise des langues étrangères. Sans cet environnement familial dynamique, le petit Giovanni Battista, de santé particulièrement fragile, n'aurait même pas fait d'études.

À Brescia, Giorgio Montini dirige *il Cittadino di Brescia*, un journal catholique engagé. Ce n'est pas si fréquent à cette époque où le pape, « prisonnier du Vatican », interdit toujours aux catholiques de participer à la vie politique du pays. Ce mot d'ordre, appelé le « *non expedit* », date de 1868. Il oblige les laïques catholiques à renoncer à tout engagement politique, et même à participer aux élections ! Mais Léon XIII a récemment changé la donne en jetant les bases de la « doctrine sociale de l'Église » dans une encyclique magistrale intitulée *Rerum novarum*, où il invite les fidèles à résister aux sirènes libérales, radicales ou socialistes.

Le « *non expedit* » pousse les catholiques engagés à s'investir dans l'action sociale, culturelle et éducative.

L'Action catholique, à ses débuts, se garde d'empiéter sur le terrain politique. Sous la tutelle du Movimento cattolico (« Mouvement catholique ») et avec le soutien de l'évêque local, Giorgio Montini va fonder un syndicat catholique, une maison d'édition, un hebdomadaire pour les familles et même une banque. Dès que Léon XIII autorise la présence des fidèles aux élections locales, Giorgio devient conseiller municipal de Brescia, dans l'idée d'être utile à son prochain et de faire pièce aux libéraux et aux socialistes locaux. Dès que Pie X, à la veille de la guerre mondiale, rompt la consigne du « *non expedit* » et envoie les catholiques à l'assaut du Parlement italien, Giorgio s'engage auprès des fondateurs du Partito popolare italiano (PPI), créé par le prêtre sicilien don Luigi Sturzo en 1919, et devient député. Il sera réélu deux fois sous les couleurs de la Démocratie chrétienne balbutiante.

Paul VI est donc le premier pape fils d'un homme politique. Il a baigné dans une atmosphère passionnée faite de polémiques journalistiques, de calculs politiciens, d'espoirs démocratiques et bientôt de campagnes électorales. Lui, l'adolescent chétif attiré par la voie monastique, dispensé de suivre les cours de son lycée comme il le sera du séminaire Sant'Angelo de Brescia, sera profondément marqué par ces discussions familiales. Il voudra tour à tour devenir avocat, écrivain, journaliste… puis prêtre. Ou moine. Il hésitera longtemps.

Ce solitaire maladif, autodidacte par nécessité, a souffert de l'isolement. Mais il s'est passionné pour les débats sur la diplomatie internationale, la liberté de l'enseignement, le catholicisme social, la démocratie chrétienne, etc. Sur les traces de son père, il fonde une petite revue, *la Fionda* (« *la Fronde* »), et se lance dans le syndicalisme étudiant tout en se préparant au sacerdoce. Il a peu fréquenté le séminaire, mais l'évêque de Brescia veut faciliter le cursus de ce fils de notable à la santé précaire. Le jour de son ordination, le 29 mai 1920, il est à nouveau malade. Plus tard, il confiera :

> À ce moment-là, je n'avais même pas l'espoir de vivre longtemps…

Son évêque, Mgr Gaggia, le dispense de prendre une paroisse et l'oriente vers le travail intellectuel :

> Lis d'abord l'histoire des conciles. Prends Hefele et commence par l'étudier !

Et le courageux Montini de se jeter dans l'œuvre de Karl Joseph von Hefele, qui représente dix-huit gros volumes !

Mgr Gaggia, bien inspiré, envoie l'abbé Montini à Rome pour y poursuivre ses études. Le jeune prêtre, qui loge au Collège lombard, fréquente la Grégorienne (université jésuite) et la Sapienza (université d'État). Mais il lui arrive aussi d'accompagner son député de père dans des réunions politiques ou des dîners de parlementaires membres du PPI. Et de profiter de ses relations. L'un des amis de Giorgio Montini, le sous-secrétaire d'État Longinotti, est proche du cardinal Gasparri, secrétaire d'État de Benoît XV : en octobre 1921, il obtient pour le jeune homme un rendez-vous avec le substitut, Mgr Pizzardo, qui l'envoie à l'Académie des nobles ecclésiastiques, ce creuset très huppé de la nouvelle diplomatie vaticane.

Les pièges de la politique

C'est la chance de sa vie. Cette année-là, le prestigieux établissement ne recrute que cinq pensionnaires. Tous appelés, sauf accident, à une brillante carrière. Les autres élèves de l'Académie s'appellent Ottaviani, Tardini, Spellman, etc. C'est toute une génération de jeunes prélats brillants et ambitieux qui se prépare, dans l'ombre, à accompagner l'Église dans les tourmentes qui s'annoncent, et à faire profiter le pape – Pie XI, puis Pie XII – de leurs talents diplomatiques, de leur formation théologique et de leurs connaissances juridiques.

Curieusement, ces perspectives n'enthousiasment pas Montini. En mai 1923, quand il est envoyé à la nonciature de Varsovie pour y faire son apprentissage, il se morfond au point de demander son retour à Rome. En octobre 1924, quand il est nommé « préposé », puis « rédacteur » à la secrétairerie d'État, sous l'autorité directe du substitut Pizzardo, il s'ennuie ! Dans les lettres qu'il envoie à sa famille, il explique que ce travail de bureau ne le passionne pas. Beaucoup moins, en tout cas, que sa tâche d'aumônier des étudiants catholiques : les réunions avec les jeunes, les articles de journaux, les discussions passionnées à l'intérieur de l'Action catholique, voilà ce qu'il aime ! Même si cette vie-là, à laquelle il consacre le plus clair de son temps, n'est pas sans présenter quelques risques pour sa carrière...

En 1925, d'autorité, le substitut Pizzardo nomme Montini aumônier de la Fédération universitaire catholique italienne (FUCI) où les tensions internes, en pleine bagarre entre le Saint-Siège et Mussolini, inquiètent l'Église italienne. On compte sur lui pour ramener le calme chez les étudiants catholiques en les orientant vers des activités plus spirituelles. En ces temps de luttes politiques incessantes, c'est une gageure. Trop proche du PPI de son père et de ses ouailles estudiantines pour accepter la moindre bienveillance à l'égard du pouvoir fasciste, Giovanni Battista Montini ne se fait pas que des amis.

Gauchiste, Montini ? Contestataire ? Évidemment non. Démocrate-chrétien ? Même pas. Mais le seul fait de s'intéresser à la politique déplaît à certains membres de la curie romaine. En outre, Montini ne cache pas son scepticisme à l'égard des accords du Latran en 1929, grand sujet de fierté de ses collègues de la secrétairerie d'État. Il a mal vécu une des concessions faites par l'Église à Mussolini, qui fut de sacrifier le PPI de Luigi Sturzo, le parti dont son propre père était membre. En mars 1933, c'est un choc : des manœuvres de couloir l'obligent à démissionner de la FUCI, ce qui l'attriste profondément. « Il en pleura », rapporte un de ses amis. En 1935, sous le prétexte de sa santé défaillante, il quitte Rome pendant près de neuf mois et, de villégiature en villégiature, s'interroge sur ce travail curial qu'il accomplit décidément « sans entrain ».

Dans l'ombre de Pie XII

En décembre 1937, sa nomination comme substitut relance sa carrière. À quarante ans, responsable de la section des « Affaires ordinaires » de la secrétairerie d'État, il est le « numéro cinq » dans l'appareil de l'Église, sans l'avoir ni demandé ni souhaité – il a commencé par refuser le poste, arguant de sa santé délicate ! Quand le cardinal Pacelli, secrétaire d'État, est élu pape par le conclave en mars 1939, Montini devient naturellement, ès qualités, l'un des deux principaux collaborateurs de son ex-patron. Il loge désormais au deuxième étage du palais apostolique, dans un vaste appartement avec terrasse donnant sur la place Saint-Pierre. Et il voit le pape quasiment tous les jours.

Arrive la guerre mondiale avec ses enjeux vertigineux. Montini traverse la tourmente dans l'ombre de Pie XII, comme un subordonné. Qu'il soit clairement antifasciste, qu'il soigne ses relations avec les ambassadeurs occidentaux, qu'il gère le « bureau d'information » servant d'interface avec les pays en guerre, Montini compte pour bien peu : c'est Pie XII, et lui seul, qui donne le ton et prend les décisions importantes. D'ailleurs, quand le secrétaire d'État Maglione meurt, en 1944, Pie XII ne le remplace pas. On dit qu'il ne veut pas trancher entre ses deux collaborateurs, Tardini et Montini, qu'il nommera plus tard « prosecrétaires d'État », après qu'ils auront refusé à l'unisson – officiellement « par humilité » – la barrette de cardinal. Coquetterie, modestie ou calcul ? Toujours est-il que Pie XII garde en ses mains la totalité du pouvoir !

Pourtant, les théologiens réformateurs, les prêtres contestataires, les indisciplinés de tout poil vont prendre l'habitude, en allant à Rome, d'aller rendre visite à Montini. Du dominicain Yves Congar au jésuite Henri de Lubac ; de l'ambassadeur français Jacques Maritain au futur président chilien Eduardo Frei ; des partisans de l'œcuménisme aux lecteurs de Teilhard de Chardin ; de l'évêque brésilien Hélder Camara au philosophe français Jean Guitton, ils seront nombreux à contourner l'apparente rigidité de la curie, incarnée par Pie XII et les gardiens du Saint-Office, afin de recueillir l'avis toujours nuancé de Montini.

À nouveau, celui-ci agace nombre de ses collègues. On chuchote, à Rome, que le pape lui-même commence à s'en défier. Vrai ou faux ? Dès 1948, le bruit court au Vatican que Montini va être envoyé à Venise comme patriarche. En 1954, finalement, il est nommé archevêque de Milan. Contre son gré. Certes, la capitale lombarde est un des plus puissants archidiocèses du monde, mais personne ne croit, dans ce cas précis, qu'il s'agisse d'une promotion. D'un éloignement, plutôt. Les Tardini, Ottaviani et autres Tisserant n'en sont pas fâchés. Le pape Pie XII vieillit, il est malade, et cette « promotion » milanaise écarte opportunément Montini des grandes manœuvres visant la succession.

Le conclave de juin 1963 montrera que leur calcul était erroné.

Un pape à l'ONU

Giovanni Battista Montini a été élu pape parce qu'il était l'homme le mieux armé pour sauver le concile Vatican II d'un désastre annoncé. Lors de la première session, il ne s'est pas usé dans les échanges liminaires désordonnés et confus, préservant sa réputation de sage, ouvert à la modernité, certes, mais attentif aux dérapages possibles. Et inquiet devant les risques d'enlisement. Or, tous les cardinaux sont d'accord là-dessus : un échec du Concile serait une catastrophe pour toute l'Église…

Le 22 juin 1963, dans la chapelle Sixtine, entouré par tous les cardinaux, Paul VI prononce son premier discours apostolique, où il annonce la couleur :

> La part prééminente de notre pontificat sera occupée par la continuation du deuxième concile œcuménique du Vatican…

Les choses sont claires. Le nouveau pape veillera à hiérarchiser les débats, à préciser les objectifs, à réduire le nombre de « schémas » en discussion, à prévoir les conclusions. Quitte à intervenir directement, parfois, dans le processus conciliaire – par exemple pour en retirer les sujets les plus polémiques, comme le mariage des prêtres ou la contraception. Quitte à avouer aussi, publiquement, que sa tâche est surhumaine. En février 1965, lors d'une audience générale, il lâche, pathétique :

> Le pape, lui aussi, a besoin de réconfort !

Jusqu'à la clôture du Concile en décembre 1965, Paul VI est à la manœuvre, recevant les uns et les autres, consultant ses conseillers privés, retouchant tel rapport, rédigeant telle encyclique : il est loin, le jeune homme malingre qu'une santé chancelante empêchait de suivre les cours du séminaire ! Il est suivi par un nouveau médecin pontifical, le docteur Mario Fontana. Il s'est fait aménager une terrasse sur le toit du palais apostolique, où il peut faire sa promenade quotidienne, après le déjeuner, pour respirer un peu.

Paul VI, à soixante-huit ans, fait flèche de tout bois et ajoute à son agenda quelques voyages spectaculaires, à commencer par un mémorable périple en Terre sainte, en janvier 1964. Le premier voyage d'un pape moderne à l'étranger – Paul VI est le premier pontife à prendre l'avion – souffre d'une organisation un peu légère : accompagnateurs et journalistes se rappelleront longtemps la cohue indescriptible, à Jérusalem, qui faillit étouffer le Saint-Père remontant la via Dolorosa jusqu'au Saint-Sépulcre !

En décembre 1964, Paul VI part pour l'Inde. Le prétexte en est la tenue d'un congrès eucharistique à Bombay, mais cette escapade en Asie est destinée, dans son esprit, à illustrer le nouveau souci de l'Église envers l'humanité tout entière. Le 4 octobre 1965, le pape s'envole pour New York où il va prononcer un discours à l'ONU devant une assemblée générale élargie à quelque six mille délégués. L'émotion est vive quand celui qui se dit « expert en humanité » lance, en français, un vibrant appel aux dirigeants de la planète :

> Jamais plus la guerre ! Jamais plus la guerre !

Cette image-là, inédite, restera dans les livres d'histoire. Paul VI reprend aussitôt l'avion et rentre à Rome, où il va directement retrouver les pères conciliaires : il lui reste quatre jours pour boucler Vatican II…

Un pape « écartelé »

Le problème de ce pape intelligent, cultivé et ouvert, depuis son élection, c'est qu'il hésite à trancher, parfois, entre le volontarisme des modernistes et les mises en garde des conservateurs. Or, dans un tel bouillonnement d'idées, de débats, d'initiatives et de polémiques, seul le pape, chef suprême de l'Église, peut départager les uns et les autres. L'un de ses confidents, le philosophe Jean Guitton, résume ainsi, non sans une certaine cruauté, ce qui fut son long calvaire :

> Paul VI n'était pas fait pour être pape. Il était fait pour être le secrétaire, le collaborateur d'un grand pape. Il n'avait pas ce qui fait le propre du pape : la décision, l'énergie de la décision…

C'est miracle si Paul VI parvient à boucler le concile Vatican II dans les temps impartis. Encore est-il conscient, lorsque s'achève cette extraordinaire aventure, le 8 décembre 1965, que le plus dur est devant lui : les réformes promues et votées par les pères conciliaires, notamment en matière de liturgie, vont entraîner des initiatives excessives et provoquer de vraies empoignades dans certains pays – comme la France – où évêques et fidèles s'épuiseront en polémiques sur l'utilisation du latin pendant les offices, la messe dite par le célébrant face au public, le positionnement de l'autel au centre du chœur, la communion dans la bouche ou dans la main, etc.

Ne pas se couper des cardinaux réactionnaires, vieux compagnons de route et piliers de la curie, qu'il reçoit souvent en tête à tête ; ne pas lâcher la bride de ceux qui portent avec constance la nécessaire réforme de l'Église. Ce souci d'équilibre va contribuer à son image de « pape écartelé », qui ne fera que s'accentuer dans les années postconciliaires. C'est bien le même pontife qui publie en 1967 les encycliques *Sacerdotalis caelibatus*, vigoureux plaidoyer pour le célibat des prêtres, et *Populorum progressio* sur l'obligation morale du développement du tiers-monde et de la solidarité entre les peuples. Le cardinal Pericle Felici, ancien secrétaire du Concile, a un jour cette formule :

> C'est un pape qui souffre de dichotomie, la tête à droite et le cœur à gauche !

Paul VI est lucide. Il sait qu'il n'est pas question de revenir en arrière ni sur l'indispensable réforme liturgique ni sur l'ouverture de l'Église au reste du monde. Mais il constate que le Concile bouleverse des dizaines de millions de catholiques, que certaines conférences épiscopales frôlent l'hérésie, que certains théologiens s'en prennent désormais au dogme, que des milliers de prêtres décident d'abandonner la soutane… et le sacerdoce !

Comment faire évoluer la doctrine sans rompre avec un passé bimillénaire ? Comment incarner la tradition sans décourager les partisans d'une Église moderne, ouverte, dynamique ? La question de la contraception illustre le dilemme de Paul VI : il a encouragé pendant deux ans, de 1964 à 1966, le travail de plusieurs commissions d'experts et de théologiens majoritairement favorables à ce que l'Église autorise la « pilule », pour se rétracter, finalement, et publier en juillet 1968 la fameuse encyclique *Humanae vitae* interdisant la contraception.

La voie moyenne

Paul VI n'a pas dévié de sa route. Il a toujours cherché la voie moyenne entre les extrêmes, quitte à être durement critiqué – non par les ennemis de l'Église, comme beaucoup de ses prédécesseurs, mais par les catholiques eux-mêmes. À gauche, par les partisans d'une religion humaniste, dépouillée de son dogme et de ses fastes ; à droite, par les fidèles hostiles aux trop grandes concessions faites au monde moderne. La dérive traditionaliste incarnée par Mgr Lefebvre, notamment, l'a souvent « empêché de dormir » :

> Mgr Lefebvre est un soldat perdu, dira-t-il un jour à Jean Guitton. Il relève de l'hôpital psychiatrique. C'est la plaie de mon pontificat !

Paul VI, pourtant, peut se féliciter d'avoir réalisé le rêve du pape Jean XXIII. Il a fait résolument entrer l'Église catholique, qui en avait bien besoin, dans le XXe siècle – en menant à bien le concile Vatican II, en réorganisant la curie romaine, en rénovant la liturgie et la messe, en favorisant l'engagement des chrétiens en politique, en ouvrant l'Église aux pays de l'Est, en dynamisant le mouvement œcuménique, en inaugurant de nouvelles relations avec le monde juif, en sensibilisant les chrétiens aux besoins du tiers-monde, et aussi en portant la bonne parole à Fatima, Éphèse, Bogotá, Manille, Hong-Kong, Kampala…

Le 6 août 1978, Paul VI s'éteint dans sa résidence de Castel Gandolfo. Depuis quelques années, il était perclus d'arthrose, il avait du mal à marcher, il était souvent fatigué. Ses proches ont noté qu'il avait, parfois, des absences. Mais ce qui frappait son entourage et ses visiteurs, c'est cette tristesse qui, parfois, le submergeait. En mars 1978, un événement dramatique l'avait frappé en plein cœur : le chef de la Démocratie chrétienne italienne, son vieil ami Aldo Moro, avait été enlevé et assassiné par les Brigades rouges. Le jour des funérailles, ce pape malade, faible et amaigri, au visage meurtri, avait tenu à lire lui-même une prière émouvante, pathétique, qui résonna comme un adieu à ce monde décidément trop cruel.

Le « pape au sourire »

Le samedi 26 août 1978 au matin, quand les portes de la chapelle Sixtine se referment sur les cent onze cardinaux chargés d'élire le successeur de Paul VI, aucun d'entre eux n'imagine qu'une journée va suffire pour effectuer un choix aussi difficile. L'Église n'a pas encore « digéré » le Concile, elle est trop agitée de courants contraires, et le Sacré Collège est divisé comme jamais ! Deux *papabili* retiennent l'attention des observateurs : le cardinal Giovanni Benelli, cinquante-sept ans, archevêque de Florence, considéré par beaucoup comme trop impétueux ; et le cardinal Giuseppe Siri, soixante-douze ans, archevêque de Gênes, chef de file des conservateurs.

C'est Benelli, conscient qu'il a peu de chances d'être élu, mais redoutant l'élection de Siri, qui propose une candidature d'union : Albino Luciani. Un saint homme, venu de Venise « comme Jean XXIII ». Un prélat qui n'est d'aucune coterie, un candidat de consensus. Un pasteur unanimement salué pour sa simplicité et sa foi chevillée au corps. On dit qu'à Venise ce sympathique évêque a renoncé à utiliser son bateau aux armes épiscopales pour circuler, comme tout le monde, en *vaporetto*. Qu'il a défrayé la chronique par ses sermons en forme de dialogues avec des enfants. Qu'il a publié, sous le titre *Illustrissimi*, des lettres simplistes adressées à Jésus, Walter Scott, Figaro, Péguy ou Pinocchio, qui ont fait un malheur en librairie. En cette période de troubles post-conciliaires, ne faut-il pas élire un simple pasteur, proche des fidèles ?

Le vieux cardinal Confalonieri, très influent, appuie cette suggestion inattendue. Dès le deuxième tour de scrutin, l'affaire semble entendue. Mais au troisième tour, alors que son nom se détache irrépressiblement, Albino Luciani prend peur et déclare qu'il refuse de devenir pape. Le secrétaire d'État, le français Jean Villot, prononce alors un discours vibrant en sa faveur. Sous la pression insistante de nombreux cardinaux, le Vénitien finit par accepter. Au quatrième tour de scrutin, il est élu par 98 voix sur 111. Il est abasourdi.

Dès la fin de l'après-midi, ce samedi, le nouveau pape peut se présenter au peuple de Rome sous les vivats. Il a choisi la continuité et la fidélité au concile Vatican II en associant les deux noms de ses prédécesseurs, Jean XXIII et Paul VI, dans son prénom de pape : Jean-Paul. Quand l'élu du conclave se présente à la loggia des bénédictions, il est tout sourire. Et voici qu'un incroyable courant de sympathie se dessine dès son apparition. Ce sourire franc, rassurant, fait le tour du monde. La foule exulte, la presse aussi. La joie est générale. Jean-Paul Ier sera le « pape au sourire ». Au sortir de la Sixtine, les cardinaux eux-mêmes sont tout étonnés de ce dénouement.

Dix jours plus tard, à Cracovie, au palais épiscopal de la rue Franciszkanska, l'archevêque pose ses valises. De retour de

Rome, le cardinal Karol Wojtyła est presque euphorique quand il annonce à ses proches :

> Nous avons élu un pape magnifique !

L'archevêque de Cracovie, numéro deux de l'Église polonaise, est soulagé. D'abord parce qu'il connaît bien Luciani, et qu'il se félicite sincèrement du choix du Sacré Collège. Ensuite parce que son propre nom avait été cité, dans les couloirs du conclave, au début du scrutin. Le cardinal König, archevêque de Vienne, avait vanté ses qualités. Certes, comme Polonais, il n'avait aucune chance d'être élu. Mais il est quand même rassuré…

« N'ayez pas peur ! »

Ce pape est un don du ciel !

Soljenitsyne

Cracovie, 29 septembre 1978. Le jour se lève à peine sur Stare Miasto, la « vieille ville » de l'ancienne capitale royale. Rue Franciszkanska, le cardinal Wojtyła a déjà dit sa messe. Il prend tranquillement son petit déjeuner à la cuisine du rez-de-chaussée du palais où réside, depuis toujours, l'archevêque du lieu. Il vient de rentrer d'un long périple en Allemagne fédérale. La veille, il a fêté le vingtième anniversaire de sa consécration épiscopale. Il relit un poème qu'il a écrit, avant de se coucher, sur son lointain prédécesseur, le grand évêque Stanisław de Szczepanów, lorsque son chauffeur Jozef Mucha fait irruption dans la pièce. Il vient d'entendre la nouvelle à la radio :

> Le pape Jean-Paul Ier est mort !

Wojtyła pâlit. Il se lève, ordonne qu'on mette les drapeaux en berne sur la façade du palais, et va s'enfermer dans sa chapelle, au premier étage du bâtiment. L'information est en train de faire le tour du monde. L'Église est sous le choc. Le nouveau pape, dont l'élection avait tant réjoui le Polonais, n'aura régné que trente-trois jours. Jamais un pontificat n'avait duré aussi peu de temps depuis Pie III, mort au bout de vingt-six jours en 1503.

Une mort suspecte ?

Jean-Paul Ier est mort d'un infarctus du myocarde, précise le communiqué de presse signé par le nouveau médecin personnel de Sa Sainteté, le docteur Renato Buzzonetti. Mais les médias sont sceptiques. Le décès du « pape au sourire » ne serait pas naturel, il se pourrait qu'il s'agisse d'un complot ! Plusieurs maladresses commises par l'entourage sont à l'origine de ces bruits de couloir qui se transformeront bientôt en ragots infamants : la mort de Jean-Paul Ier ayant été constatée au petit matin par une religieuse, Villot a pensé qu'il serait plus correct de parler de son secrétaire, John Magee ; Radio Vatican a trouvé plus élégant de représenter le pape mort en lisant non pas un brouillon de discours, mais *l'Imitation de Jésus-Christ* ! Deux pieux mensonges, vite éventés, ajoutés au fait que personne ne songea à pratiquer une autopsie : il n'en fallait pas davantage pour nourrir les élucubrations de quelques commentateurs avides d'informations sensationnelles.

L'écrivain britannique David Yallop, quelques années plus tard, en fera même un best-seller en mettant astucieusement en perspective ces mystères anodins avec quelques retentissantes « affaires » ayant défrayé la chronique : le scandale de l'IOR, la banque du Vatican dirigée par le sulfureux Mgr Marcinkus ; le dossier malsain et meurtrier de la loge maçonnique P2 ; l'infiltration de la mafia sicilienne dans l'administration vaticane, etc. D'autres hypothèses circuleront, notamment celle d'un complot monté par la CIA, qui aurait préféré, selon quelques bons esprits, un pape radicalement anticommuniste !

La réalité est plus simple. Plus émouvante, aussi. Le malheureux patriarche de Venise, dont personne ne savait qu'il était malade du cœur, a été rapidement submergé par le sentiment de n'être pas à la hauteur. Succéder à Paul VI demandait une expérience et une culture dont Albino Luciani se sentait dramatiquement dépourvu :

> Si j'avais su que je deviendrais pape, dit-il un jour, j'aurais appris davantage à l'école !

Le cardinal Villot, qu'il avait maintenu dans la fonction de secrétaire d'État, le harcelait bien malgré lui, deux fois par jour, en lui apportant des brassées de dossiers, de parapheurs, de problèmes à résoudre, de décisions à prendre, sur des sujets auxquels, parfois, il ignorait absolument tout ! Ses proches l'entendaient souvent s'interroger à haute voix :

> Mais pourquoi m'ont-ils choisi, moi ?

Le plus chaleureux des pasteurs, s'il n'a aucune expérience du gouvernement de l'Église, ne peut maîtriser une telle tâche. Il ne suffit pas, pour être pape, de savoir parler aux enfants. Et le malheureux Luciani, malgré tous ses efforts, fut vite convaincu de son incompétence, au point de s'en ouvrir plusieurs fois à ses secrétaires, John Magee et Diego Lorenzi, ou à sa gouvernante, Sœur Vincenza :

> Quelquefois, je demande à Notre-Seigneur de venir me chercher !

Luciani avait un secret qui compliquait son impossible situation : il était en mauvaise santé et prenait des anticoagulants.

Mais qui pouvait deviner que cet homme âgé de soixante-cinq ans n'était pas en pleine forme ? Ce fut une surprise, à l'audience générale du 27 septembre 1978, de l'entendre révéler aux malades présents au premier rang :

> Il faut que vous sachiez que votre pape a été huit fois à l'hôpital et qu'il a subi quatre opérations !

Étrange aveu ! Le lendemain soir, après le dîner, le pape Jean-Paul Ier semble fatigué. La journée a été dure. En fin d'après-midi, il a ressenti une vive douleur, mais n'a pas voulu alerter son médecin. Un peu avant 21 heures, il a reçu un long coup de téléphone du cardinal Colombo, archevêque de Milan, à propos de sa propre succession à la tête du diocèse de Venise. Le dossier est complexe, le poste étant très convoité. Visiblement contrarié par cet entretien téléphonique, Albino Luciani décide d'aller se coucher. Les deux secrétaires, un peu inquiets, lui rappellent :

> Très Saint Père, si vous ne vous sentez pas bien, pressez le bouton de la sonnette !

Le pape se retire. C'est la dernière fois qu'on le voit vivant. Un peu après 5 heures du matin, Sœur Vincenza, inquiète de voir que le pape n'a pas touché à son plateau de petit déjeuner, entre dans la chambre et découvre Jean-Paul Ier assis dans son lit, adossé à de gros oreillers, en position de lecture. Ses lunettes sont posées sur son nez. La lampe de chevet est allumée. La sœur, terrifiée, lance :

> Très Saint Père, vous ne devriez pas faire des farces comme cela !

Ce n'est pas une farce. Le pape tient encore entre ses doigts des feuilles de papier qui n'ont pas glissé de ses mains, lesquelles sont froides et rigides. Il a cessé de vivre.

Un pape non italien ?

Le cardinal Wojtyła s'est envolé pour Rome dès le 3 octobre, afin d'assister aux funérailles du pape défunt. En marge des cérémonies officielles, les langues vont bon train. Si la mort de Paul VI, début août, était attendue, celle de Jean-Paul Ier a laissé les cardinaux désemparés. Pour ces hommes de foi, la mort brutale du pape élu a une signification, mais laquelle ? Au minimum, elle va les pousser à choisir un pape aux convictions inébranlables, confiant dans l'avenir et… en bonne santé !

Le conclave s'ouvre solennellement le 14 octobre, à 16 h 30. Karol Wojtyła s'y présente à la toute dernière minute : il revient en catastrophe de l'hôpital Gemelli où il est allé rendre visite à son ami le cardinal Deskur, terrassé la veille par une attaque cardiaque. Comme les autres cardinaux, sur la soutane rouge il a revêtu le rochet et la mozette et porte la barrette. À l'entrée de la basilique, un reporter photographe du *Times*, qui mitraille tous les *papabili*, entend Wojtyła lui lancer en plaisantant :

> Pas moi, c'est inutile !

Le photographe sourit et prend son cliché – on ne sait jamais. Il est vrai qu'il a surtout veillé à prendre les *papabili* les plus souvent cités dans les journaux : Siri, Benelli, Felici, Colombo, Bertoli, Poletti, Pappalardo…

Il n'y a aucun « étranger » parmi les favoris. Il y a presque cinq siècles que les papes sont italiens, et aucun observateur n'ose formuler une autre hypothèse. Sur le chemin de la Sixtine, le cardinal König glisse à son collègue et ami Wyszyński, primat de Pologne :

> Pourquoi pas un Polonais ?
> – Impossible, répond le primat, trop d'obligations m'attendent à Varsovie !

Deux personnalités se détachent. Giuseppe Siri, archevêque de Gênes depuis trente ans, dont on évoquait déjà la candidature en 1958 puis en 1963, a la taille du poste. Soutenu par la curie, il a obtenu le deuxième meilleur « score », derrière Luciani, au conclave d'août. Mais les cardinaux peuvent-ils élire un pape à ce point convaincu que Vatican II a été inutile, voire néfaste ? Un pape qui tenterait, à coup sûr, de revenir sur tout ce qui s'est fait dans l'Église depuis le Concile ? Quel tremblement de terre ce serait !

L'autre figure qui se détache, c'est celle de Giovanni Benelli, archevêque de Florence, mais surtout ancien substitut de la secrétairerie d'État. Âgé de cinquante-sept ans, il a été nommé cardinal quelques mois plus tôt par Paul VI. Il n'a pas que des amis, mais il est intelligent, puissant et respecté. Enfin, c'est un stratège : c'est lui qui a poussé la candidature de Luciani en août. Il n'est pas spécialement réformiste, mais comparé à l'ultraconservateur Siri, il fait figure de modéré.

Au premier tour, Benelli arrive largement en tête devant Siri et Poletti, le vicaire de Rome. Au deuxième tour, le clivage s'installe : Benelli obtient environ 40 voix et Siri environ 25. Mais l'archevêque de Florence est loin d'obtenir les « deux tiers des voix plus une », soit 75 suffrages. Le soir, après quatre scrutins, la situation semble bloquée. Chacun comprend qu'il va falloir rebattre les cartes.

Les partisans d'un pape non italien, pour la première fois, pensent qu'ils ont une chance. Pendant le dîner, l'archevêque autrichien König, explicitement pressenti, décline la suggestion pour lui-même, mais engage à voter pour son jeune collègue Wojtyła. Par la voix du cardinal Krol, archevêque de Philadelphie, qui est d'origine polonaise, les Américains réagissent positivement à cette audacieuse proposition. Mais plusieurs autres noms sont avancés : Pironio, Willebrands, Hume…

Le dimanche matin, cinquième tour de scrutin. Les voix, cette fois, s'éparpillent. Les partisans de Siri poussent désormais la candidature de Pericle Felici, qui préside la Conférence épiscopale italienne. En vain. Au tour suivant, Felici ne progresse pas. Pendant le déjeuner, le cardinal Arnau, de Barcelone, célèbre à haute voix les mérites de Wojtyła, en lui assurant le soutien de ses confrères d'Amérique latine. L'intervention est déterminante. König pousse à nouveau la candidature du Polonais, mais, ainsi qu'il le racontera plus tard, il craint alors que Wojtyła ne refuse. L'archevêque de Cracovie s'est retiré dans sa petite cellule, au comble de l'émotion. C'est le primat de Pologne, Stefan Wyszyński, qui va le réconforter et le dissuade de toute dérobade :

> Si tu es choisi, il faudra accepter !

Le septième tour confirme ce tournant. La plupart des partisans de Benelli reportent leurs suffrages sur Wojtyła qui, avec 73 voix, frôle l'élection. Les jeux sont faits. Lorsque à l'issue du huitième tour de scrutin, le cardinal camerlingue proclame le nom de l'élu, l'assemblée éclate en applaudissements interminables. Il est 17 h 20. Le visage de Wojtyła est baigné de larmes. Mais c'est d'une voix ferme, déjà, qu'il répond à Villot qui lui demande s'il accepte son élection :

> Fidèle à ma foi en Notre-Seigneur Jésus-Christ, faisant le don de moi-même à Marie, mère du Christ, et à l'Église, et conscient des difficultés, j'accepte !

Villot lui pose alors la question, traditionnelle, de savoir quel sera son nom de pape. Après un long silence, Wojtyła répond – toujours en latin – que par fidélité à l'égard de ses trois prédécesseurs, il prendra le nom de *Jean-Paul II*. La voix ne tremble pas, le ton est posé. Wojtyła est emmené vers la sacristie où l'attend le tailleur du pape, Annibale Gammarelli, avec trois aubes blanches de tailles différentes. Le nouveau pape se prête au jeu de l'essayage, il a maîtrisé son émoi. Homme de prière, il s'en est remis totalement à la volonté de Dieu.

À 18h18, la foule massée place Saint-Pierre aperçoit enfin quelques volutes de fumée s'échapper de la cheminée de la Sixtine :

> *Bianca ! Bianca !*

Un immense brouhaha a envahi la place. La foule s'agite. De longues minutes s'écoulent. La nuit tombe doucement sur Saint-Pierre. À 18h40, enfin, le cardinal Felici apparaît au balcon de Saint-Pierre. On sait déjà qu'il n'est pas l'élu, puisque c'est lui qui s'approche du micro pour prononcer, en latin, la formule traditionnelle :

> *Habemus papam !*

Clameur de la foule. L'orateur poursuit, savourant son effet :

> *... Eminentissimum ac Reverendissimum... Carolum... Cardinalem...*

Felici hausse le ton :

> ... *Wojtyła !...*

Qui ? On n'a pas compris le nom. Un Africain ? Felici poursuit, toujours en latin :

> ... qui a pris le nom de Jean-Paul !

Applaudissements nourris de la foule. Wojtyła, le Polonais ? *Il Polacco ?* Panique chez les journalistes. La plupart n'ont rien à dire sur l'heureux élu ! Alors qu'il commente l'élection en direct sur la radio française RTL, Joseph Vandrisse, du *Figaro*, compulse fébrilement ses notes et y retrouve un petit papier : « Wojtyła... cinquante-huit ans... assez conservateur... remarquable théologien... » Vandrisse développe, au moins, ces maigres éléments : le 264ᵉ pape de l'histoire de la chrétienté est jeune, il n'est pas italien, il est polonais...

La Pologne profonde

Oui, le pape vient de Pologne. Il y est né le 18 mai 1920. Ses parents, Karol et Emilia, habitaient à Wadowice, un bourg de Galicie situé à quatre-vingts kilomètres à l'ouest de Cracovie, l'ancienne capitale des rois de Pologne. Le pays, deux ans plus tôt, avait recouvré son indépendance après avoir été rayé de la carte de l'Europe pendant un siècle et demi. Le père Wojtyła était d'ailleurs un militaire de carrière qui servit jusqu'en 1918, comme tous les Polonais du Sud, sous l'uniforme austro-hongrois. Un jour où l'on s'étonnera de voir Jean-Paul II multiplier les égards envers la princesse

Zita de Bourbon-Parme, veuve de l'empereur Charles Ier d'Autriche, le pape aura cette réponse :

> Laissez-moi honorer la souveraine de mon père…

Le petit Karol a neuf ans quand il perd sa mère. Il en a douze quand disparaît son frère aîné Edmund, tout jeune médecin fauché par une épidémie de scarlatine. C'est son père qui l'éduque, qui le forme, qui lui inculque une foi solide. À Wadowice, celui qu'on appelle « monsieur le capitaine » fait l'admiration de tous. Il ira s'installer, après le bac de Karol, en 1938, à Cracovie. Le père et le fils habiteront le sous-sol d'une maison au bord de la Vistule.

C'est à Cracovie que le jeune Wojtyła fait ses études, à l'université Jagellonne ; c'est là qu'il traverse la guerre, entre théâtre clandestin et préparation au sacerdoce ; c'est là qu'il perd aussi son père, miné par les privations et le chagrin ; c'est là qu'il est ordonné prêtre, dans la cathédrale du château royal ; c'est là qu'il fait ses premiers pas de journaliste dans l'hebdomadaire catholique *Tygodnik Powszechny*. Cracovie est « sa » ville. Il y fut vicaire de paroisse, aumônier d'étudiants, évêque auxiliaire, puis archevêque métropolitain. Il y a passé presque toute sa vie. Il y a aussi connu l'antisémitisme d'État, les horreurs de la guerre, l'occupation nazie, puis trente ans d'oppression communiste.

De ce pays au destin particulier, de cette histoire dramatique, on n'a pas fini de parler ! Pour l'heure, le nouveau pape suscite une grande curiosité. Le dimanche 22 octobre, la basilique Saint-Pierre est archicomble pour la cérémonie d'inauguration du pontificat. L'élu du conclave commence son homélie par le rappel de ce qui arriva à Simon Pierre, près de deux mille ans plus tôt : le Galiléen, sollicité par Jésus pour constituer et diriger son Église, aurait préféré rester à

Génésareth et se serait bien passé de cet honneur insigne, mais comment n'aurait-il pas obéi à son Seigneur ? Karol Wojtyła serait bien retourné à Cracovie, lui aussi, mais pouvait-il refuser la décision collective des cardinaux, inspirés par l'Esprit saint, de l'élire pape ?

Personne, dans l'assistance, ne s'étonne d'entendre Jean-Paul II rappeler qu'il est « fils d'une nation restée toujours fidèle » à l'Église et à la papauté, puis demander à Dieu de faire de lui le « serviteur de ses serviteurs ». Des propos à la fois convenus et chaleureux. La plupart des fidèles présents découvrent la profondeur de son discours, le rythme de ses phrases, la chaleur de sa voix. Soudain, le célébrant cite le Christ interpellant ses disciples, et lance alors, en italien, ce cri qui restera dans l'Histoire :

> *Non abbiate paura !* (« N'ayez pas peur ! »)

Le silence paraît soudain plus dense, plus pur, tandis qu'il poursuit :

> N'ayez pas peur d'accueillir le Christ et d'accepter son pouvoir ! N'ayez pas peur ! Ouvrez toutes grandes les portes au Christ ! À son pouvoir salvateur, ouvrez les frontières des États, les systèmes économiques et politiques, les vastes champs de la culture, de la civilisation et du développement ! *N'ayez pas peur !*

Une journée dans la vie d'un pape

Dès son élection, Wojtyła prend une décision toute simple : il ne changera rien à ses habitudes. Le Vatican se met donc à l'heure de Cracovie. Contrairement à Paul VI, tard couché, tard levé, Jean-Paul II se lève tôt. À 5 heures et demie, les rares passants qui traversent la place Saint-Pierre voient s'allumer, aux trois fenêtres d'angle du palais apostolique, la chambre du pape. C'est une petite pièce partagée en deux par un paravent vieillot. D'un côté, un grand lit, un fauteuil, une table, un petit crucifix en bois et le portrait de la Vierge. De l'autre côté, une longue table avec des albums de photos, un atlas, deux chaises. Et deux modestes clichés encadrés, en noir et blanc : le premier représente ses parents, Karol et Emilia ; l'autre, son vieux maître, le cardinal Sapieha.

Karol Wojtyła, à Cracovie, ne vivait pas sur un grand pied. Pendant longtemps, Jean-Paul II s'habillera et se rasera seul, sans cérémonial, comme il l'avait toujours fait. Après ses accidents à la clavicule et au col du fémur, en 1994, il devra se faire aider par son « camérier » Angelo Gugel, un valet de chambre vénitien au dévouement et à la discrétion irréprochables. Gugel, un ancien gendarme à l'allure militaire et à la démarche sportive, est le dernier détenteur d'une de ces charges naguère attachées à la personne du souverain pontife et qui ont été, pour la plupart d'entre elles, supprimées par Paul VI : l'écuyer (alors que les écuries du palais apostolique avaient disparu sous Pie X), le « porteur de la rose d'or » (quand le pape envoyait un message à une reine catholique), le sacristain, le majordome, l'échanson, le « grand fourrier », etc.

Dès qu'il est prêt, vers 6 h 15, le pape traverse le couloir et entre dans sa chapelle privée pour un temps de prière. Cette scène restera gravée dans la mémoire de tous ceux qui en furent les témoins : le pape à genoux, penché en avant, sa tête appuyée sur une main collée au visage ou bien enfouie dans les deux mains ouvertes. Le journaliste André Frossard, son ami français, l'a comparé, dans cette attitude, à un « bloc de prière ».

Après le réveil de l'âme, l'exercice du corps. Wojtyła n'a pas de complexes : un pape se doit d'être en bonne forme physique. Pie XII, qui n'était pourtant pas un grand sportif, fut le premier pape à installer au Vatican un équipement adéquat. Jean-Paul II, amateur d'exercices physiques, a hérité d'un matériel sommaire : haltères et vélo d'appartement. Adepte de la marche en montagne et, au début, du footing dans les jardins du Vatican, il prendra, à peine élu, la décision de faire creuser une piscine à Castel Gandolfo !

À 7 heures, retour à la chapelle privée pour la messe du matin. C'est la pièce qu'il préfère. De taille moyenne, rectangulaire, sans fenêtres, elle a été entièrement refaite par Paul VI, qui ne détestait pas l'art moderne. C'est là, à la messe du matin, que le rejoint sa « famille », à commencer par les cinq religieuses polonaises qu'il a fait venir de Cracovie et qui le servent en permanence. Ces cinq « anges gardiens », le plus souvent en habit noir et ceinture blanche, voile noir à coiffe blanche, un cœur brodé sur la poitrine, appartiennent à la congrégation des Servantes du Sacré-Cœur de Jésus. Sous la férule de Sœur Tobiana, la supérieure de cette petite communauté, qui est aussi infirmière, il y a là Fernanda (responsable des provisions), Matylda (chargée de la garde-robe), Eufrozyna (pour le courrier privé) et Germana, l'ancienne servante de Mgr Deskur que celui-ci a recommandée au pape pour... ses talents culinaires !

Sont présents aussi les deux secrétaires personnels, dont l'un, Stanisław Dziwisz, est à la fois le fils spirituel et le confident du nouveau pape. Une vieille complicité unit les deux hommes depuis qu'en 1966 le jeune Stanisław est entré au service de l'archevêque Wojtyła comme chapelain. Après la mort de Jean-Paul II, en 2005, Dziwisz sera nommé, à son tour, archevêque de Cracovie. Comme pour perpétuer la mémoire de son maître.

La messe, sans homélie, dure environ cinquante minutes. Après avoir salué ses hôtes et béni leurs enfants dans la bibliothèque attenante, le pape va prendre son petit déjeuner auquel il a convié quelques-uns de ces invités privilégiés. L'ami André Frossard salua un jour, dans un article, la grande simplicité de son hôte :

> Encore sous Pie XI, racontait-il, il fallait être en habit, cravate noire et souliers vernis, puis se mettre à genoux quand le pape apparaissait au coin d'un corridor !

Des milliers d'autres personnes, au fil des ans, auront droit à cette faveur insigne et au même menu : petits pains ronds, beurre et confiture, jambon cru, œufs au plat ou brouillés, café noir avec ou sans lait. La vaisselle, en porcelaine ivoire à filet d'or, porte les armoiries du pape. La conversation est libre, informelle. Le pape met à l'aise ses hôtes. Il est simple et détendu. D'ailleurs, il parle peu, préférant écouter : le petit déjeuner est sa première source d'information sur les événements du monde.

À 9 heures, Jean-Paul II retrouve ses secrétaires dans son bureau pour fixer le programme de la journée, les textes à préparer, les audiences à prévoir, etc. Puis, dans cette pièce toute simple qui sent le vieux bois et l'encaustique, où l'une des religieuses a disposé un bouquet de fleurs aux couleurs de la Pologne, il se met au travail : correspondance, lecture, méditation, le tout entrecoupé de courts séjours à la chapelle.

Chefs d'État et vieux camarades

À 11 heures, changement de décor. Du troisième étage, où il réside, le pape descend au deuxième étage du palais apostolique.

Autant les appartements du troisième sont modestes – jusqu'à Paul VI, personne n'y montait jamais à l'exception du pape, de ses secrétaires et du personnel de maison –, autant ceux du deuxième sont somptueux. C'est là que le pape accorde ses audiences : collaborateurs immédiats, responsables de dicastères, évêques venus du monde entier, groupes de pèlerins privilégiés, ambassadeurs accrédités auprès du Saint-Siège, personnalités civiles importantes ou chefs d'État. Mikhaïl Gorbatchev, Nelson Mandela, Fidel Castro, Ronald Reagan, Boris Eltsine, Élisabeth d'Angleterre, Yasser Arafat ou le général Jaruzelski : combien de rois, de présidents, de chefs de gouvernement pas toujours très pieux ont été ainsi reçus par le chef de l'Église catholique ?

Le mercredi, à 11 heures, le Saint-Père traverse en voiture un dédale de ruelles intérieures pour gagner l'aula Paul-VI – une immense salle inaugurée par Paul VI en 1971, où le pape reçoit les simples pèlerins venus le voir de tous les coins du monde : quelque six mille personnes y saluent, acclament et écoutent le Saint-Père dans une ambiance bon enfant. Jean-Paul II, homme de scène, a fait de ces audiences de véritables shows où alternent chants, cris, agitations de foulards, prêches, catéchèse et temps de méditation.

Le dimanche matin, quand il n'est pas en voyage, le pape dit la messe dans « sa » basilique. Il gagne le grand baldaquin torsadé du Bernin, au centre de l'édifice, par un discret et antique ascenseur qui le fait descendre, depuis la sacristie de la chapelle Pauline, derrière la *Pietà* de Michel-Ange. Après l'office, à midi, le pape apparaît traditionnellement à la fenêtre du bureau qui jouxte sa chambre pour réciter l'Angelus. Ce n'est pas lui qui a inventé cette tradition, mais il y tient beaucoup. Ne serait-ce que pour que les pèlerins venus à Rome le temps d'un simple week-end puissent avoir un contact avec le pape. Souvent, à l'occasion de cet Angelus dominical, le pape tire les leçons de tel voyage ou lance tel message politique ou spirituel.

Le déjeuner du pape a lieu à 13 h 30. Ou plutôt *vers* 13 h 30 : Jean-Paul II n'est pas un maniaque de l'heure exacte et il lui arrive souvent de prolonger une conversation sans regarder l'horloge. Naguère, la tradition voulait que le pape mangeât seul. Benoît XV, Pie XI, Pie XII, déjeunaient en solitaire ou en compagnie de leur confesseur. Jean XXIII, sur la fin, mangeait peu. Paul VI partageait parfois son déjeuner. Jean-Paul II, lui, a toujours du monde dans sa salle à manger ! Notamment, le dimanche, ses vieux amis venus de Pologne avec lesquels il gardera le contact toute sa vie.

Vers 15 h 30, de retour à son bureau, il retrouve ses dossiers préparés par l'administration du Vatican : une heure plus tôt, une mallette cadenassée est arrivée de la secrétairerie d'État, dont le contenu a été aussitôt trié par les secrétaires. Le chef de l'Église s'adonne alors à la lecture de notes, à la correction de textes, à la signature de documents. Comme n'importe quel chef d'État. À 18 h 30, ce sont les séances de travail régulières avec tel ou tel responsable de la curie : des audiences que le pape aime transformer en échanges intellectuels de haute tenue, notamment avec le préfet de la congrégation pour la Doctrine de la foi, le cardinal bavarois Joseph Ratzinger.

À 20 heures, le pape regagne la salle à manger et regarde, en général, le début du journal télévisé de la RAI avant de passer à table pour dîner avec ses secrétaires. Pas question de s'attarder : à 21 heures, une nouvelle mallette de documents urgents attend le Saint-Père dans son bureau. Penché sur sa table de chêne entre une lampe de cuivre et un petit crucifix en bois, le pape travaille au calme jusqu'à 23 heures. Une dernière prière à la chapelle, et il va se coucher. Il est 23 h 30. En bas, sur la place Saint-Pierre, les derniers badauds qui sortent des restaurants du Borgo Pio voient la lumière s'éteindre aux trois fenêtres d'angle du palais apostolique.

Un pape mondial

En vingt-six ans de pontificat, Jean-Paul II a spectaculairement bousculé les habitudes centenaires du Saint-Siège. D'abord, après quelques tâtonnements, il a décidé de déléguer à son secrétaire d'État – Agostino Casaroli, puis Angelo Sodano – la quasi-totalité des pouvoirs conférés au chef de l'État du Vatican. Alors que Pie XII avait concentré tout le pouvoir dans ses mains, au point de se passer d'un secrétaire d'État, Jean-Paul II s'est débarrassé de toutes les responsabilités temporelles du chef de l'Église pour ne garder que l'essentiel : la parole de Dieu, la pastorale du monde, l'unité de l'Église et quelques impulsions prophétiques comme la réunion interreligieuse d'Assise ou le grand jubilé de l'an 2000. Combien de fois s'est-il considéré comme le « serviteur des serviteurs de Dieu » ? Un jour de 1988 où il visitait la région de Casaroli, le pape eut ce mot :

> On dit que le pape travaille beaucoup, mais celui qui travaille vraiment, c'est le secrétaire d'État !

Par ailleurs, Jean-Paul II a transporté le gouvernement de l'Église aux quatre coins du monde. En cent quatre voyages à l'étranger, ce pape-là a visité cent vingt-neuf pays. Sans compter les cent quarante-six déplacements en Italie même. Les journalistes de Radio Vatican ont calculé qu'en vingt-six ans Jean-Paul II avait parcouru trois fois la distance de la terre à la lune ! C'est au cours de ces périples souvent spectaculaires qu'il concoctait ses gestes historiques, qu'il ménageait ses rencontres importantes, qu'il testait ses idées pour l'avenir. Pour le pape polonais, qui se sentait à l'étroit au Vatican, c'était aussi le moyen de ne pas être envahi, voire paralysé par la curie romaine…

Enfin, Jean-Paul II a changé la donne en matière de communication. Karol Wojtyła, dans sa jeunesse, a été comédien et journaliste. Il a acquis le sens du geste, de la formule, des silences. À l'aise au micro, devant une caméra ou sur une tribune dominant un million de personnes, Jean-Paul II aura été le premier pape « communiquant ». Les journalistes du monde entier l'ont compris dès leur première audience, le 21 octobre 1978, quand le nouveau pape est descendu parmi eux pour leur parler sans retenue, dans quatre ou cinq langues, et sur les sujets les plus divers – au grand désespoir des cardinaux présents, pour qui les journalistes sont des gens peu fréquentables…

Ce sens de la communication va lui être particulièrement utile lors de son premier voyage en Pologne, en juin 1979. Jamais un pape ne s'était rendu, et pour cause, derrière le rideau de fer. Or, cette visite sur sa terre natale, suivie par des millions de Polonais incrédules, marque le début d'un phénomène inattendu et vertigineux, que symbolise le portrait du pape Jean-Paul II accroché aux grilles des chantiers Lénine en grève, à Gdańsk, en août 1980. Le soutien que le « pape slave » apporte ensuite au syndicat Solidarność, les attentions qu'il a pour les populations est-européennes, les relations directes qu'il noue avec le général Jaruzelski, en 1987, ou avec Mikhaïl Gorbatchev, en 1989, compteront pour beaucoup dans le processus d'effondrement du système communiste européen.

> Tout ce qui s'est passé en Europe de l'Est ces dernières années eût été impossible sans l'action de ce pape, écrira plus tard l'ancien président Gorbatchev.

Deux mois après la chute du mur de Berlin, devant les ambassadeurs accrédités auprès du Saint-Siège, Jean-Paul II cite « Varsovie, Moscou, Budapest, Berlin, Prague, Sofia et Bucarest » comme ayant été « les étapes d'un long pèlerinage vers la liberté ». Mais dans le même discours, déjà, Jean-Paul II met aussi en garde, de façon prémonitoire, contre les « nationalismes exacerbés » qui vont se développer çà et là : le pape polonais sait, mieux que quiconque, que l'après-communisme, à l'Est, ne sera pas une partie de plaisir.

L'attentat de 1981

Tout avait bien failli s'arrêter le mercredi 13 mai 1981, à 17h17, lorsqu'un terroriste turc nommé Mehmet Ali Agça, caché dans la foule de la place Saint-Pierre, tira sur le pape juché sur sa *papamobile*. Deux coups de feu ? Trois ? Des centaines de pigeons se sont envolés d'un coup dans le ciel de Rome. Dans sa grosse Jeep blanche, Jean-Paul II s'est effondré dans les bras de son secrétaire qui ne comprend alors qu'une chose : le pape a été touché !

> Où ?, crie Dziwisz en polonais.
> – Au ventre !, répond le pape en grimaçant.
> – Vous avez mal ?
> – Oui !

Dans les cris et la bousculade, le chauffeur accélère brutalement, afin de rejoindre une ambulance de la Croix-Rouge garée derrière la colonnade. Il s'agit d'atteindre la clinique Gemelli, à six kilomètres de là, en traversant les embouteillages romains. Hospitalisé huit minutes plus tard, le pape perd conscience. En toute hâte, les médecins présents – les docteurs Crucitti et Manni, bientôt rejoints par le docteur

Castiglione – réussissent à stopper l'hémorragie, à sectionner l'intestin blessé, à recoudre le colon et à transfuser du sang neuf à leur illustre patient. Le monde entier, sous le choc, retient son souffle.

Il est 20 heures quand un premier communiqué médical est lu à la meute des journalistes qui fait le siège de la clinique. Il est diffusé par haut-parleurs à la foule des fidèles qui attend des nouvelles, place Saint-Pierre, en récitant le chapelet. Le texte n'est ni optimiste ni pessimiste. Au moins confirme-t-il que le pape n'est pas mort. Un peu après minuit, un deuxième bulletin de santé attestera que l'opération s'est bien déroulée et que le pape est sauvé. Un vrai miracle.

L'attentat a bouleversé toute la planète. D'abord parce que le tueur s'en est pris à un pape jeune, dynamique et très populaire. Ensuite parce qu'il s'est produit au plus fort de la tension politique en Pologne, et que tous les regards se sont tournés, suspicieux, vers le Kremlin : est-ce le KGB qui a tenté de supprimer ce gêneur ? La « filière bulgare » révélée – un peu vite – par une collusion de journalistes américains et de juges italiens se révélera une fausse piste. Les Soviétiques, évidemment, ont toujours nié avoir fomenté ce crime. Personne ne saura jamais, peut-être, qui a armé le bras d'Ali Agça, ce terroriste illuminé qui faillit interrompre le cours de l'Histoire.

Un record de longévité

Au final, Jean-Paul II est resté vingt-six ans au Vatican. Ceux qui ont suivi en 1978 les premiers pas de ce pontife en pleine force de l'âge, dynamique, sportif et sans complexes, n'en garderont pas la même image que les jeunes générations qui n'auront connu que le pape des années 2000, affaibli, souffrant, presque impotent. C'est pourtant le même homme qui, à ses débuts, donna de l'Église une image rajeunie, vivante et confiante dans l'avenir – « N'ayez pas peur ! » – et qui incarna sur la fin une Église fatiguée, sclérosée, incapable de s'adapter à l'évolution du monde moderne.

Jean-Paul II fut, sans aucun doute, un pape d'exception. D'abord parce qu'il avait été comédien, poète, journaliste, philosophe, et qu'il avait eu une vie d'homme avant de choisir, à vingt et un ans révolus, la voie du sacerdoce. Mais il aura été aussi le premier pontife romain à vivre comme ses semblables, à nager et à skier, à prendre des vacances, à cultiver la fidélité en amitié et le goût de la plaisanterie, à rire et à grimacer, à se faire soigner dans un hôpital, à vieillir sans rien cacher de son déclin physique.

Autre paradoxe : Jean-Paul II, le premier pape non italien depuis quatre cent cinquante-cinq ans, profondément attaché à sa nation d'origine, la Pologne, et résolument européen, fut plus « universel » qu'aucun de ses prédécesseurs : il a définitivement « internationalisé » la curie romaine, il a parcouru le monde en tous sens, il a symboliquement cultivé son don des langues comme pour souligner que la parole divine n'était italienne – ou même européenne – que par accident…

Autre paradoxe : Jean-Paul II était assurément un conservateur. Ses positions sur la famille et sur la morale sexuelle, sur le rôle de la femme dans l'Église, sur la liturgie et la discipline ecclésiale, l'ont souvent fait traiter de réactionnaire. Or, le même pape aura aussi été un progressiste audacieux, voire provocateur, qui n'hésita pas à convoquer autour de lui toutes les religions du monde, à condamner fermement les méfaits du capitalisme et les dérives du libéralisme, à rejeter sans ambages l'héritage antisémite d'autrefois, à demander pardon pour les erreurs et les crimes de l'Église d'antan.

Mais l'empreinte la plus profonde de ce pontife est ailleurs : en un quart de siècle, Jean-Paul II a nettement résorbé la crise où le monde chrétien s'était enferré après le concile Vatican II en opérant un impressionnant « recentrage » de l'Église. Son tout premier appel, « N'ayez pas peur ! », avait donné le ton. Son message d'espérance ne s'est jamais démenti ensuite, redonnant confiance à toute une génération de catholiques désemparés par les affrontements postconciliaires. Et notamment aux jeunes qui, par millions, ont participé aux Journées mondiales de la jeunesse (JMJ), ces rassemblements immenses, chaleureux et fervents de Compostelle, Częstochowa, Manille, Rome ou Paris. Que trouvaient-ils donc à ce pape, tous ces adolescents sollicités par tant d'autres tentations de la société moderne, et qui lui ont crié pendant un quart de siècle, sur les cinq continents :

John Paul Two, we love you !

Comme à un grand-père qui, seul, dans ce monde d'apparences, osait leur dire le bien et le mal…

À partir du grand jubilé de l'an 2000, Jean-Paul II va décliner, physiquement, jusqu'à ne plus être mobile ou audible. Les deux dernières années de son pontificat, en particulier, sont pathétiques. Jean-Paul II sait parfaitement que sa faiblesse est diffusée sur tous les écrans de télévision du monde. Mais ce pape qui a passé toute sa vie à prôner la primauté de l'homme, à défendre la grandeur de l'homme, montre qu'un homme malade, handicapé, presque grabataire, est encore un homme dans sa plénitude.

Jean-Paul II est mort le samedi 2 avril 2005 à 21 h 37, après une agonie filmée au plus près par toutes les télévisions de la terre. Le vendredi 8, les obsèques du pape polonais rassemblent, à Rome, une foule exceptionnelle, plus de soixante-dix chefs d'État ou de gouvernement, trois mille cinq cents journalistes, mais aussi des centaines de millions de croyants qui suivent la cérémonie chez eux, aux quatre coins de la planète. Place Saint-Pierre, dans la foule, des panneaux s'élèvent et des slogans fusent :

Santo subito ! (« Qu'il soit saint, tout de suite ! »)

Le cardinal doyen du Sacré Collège, qui préside les obsèques, entend cette rumeur qui enfle. Il s'appelle Joseph Ratzinger. Il ne sait pas encore qu'il va devenir le successeur de celui qu'il vient d'appeler « Jean-Paul le Grand », et dont il lancera très vite le procès en béatification.

Conclusion

La foule de Saint-Pierre

Avril 2005

Rome, avril 2005. La place Saint-Pierre est noire de monde. Des dizaines de milliers de personnes, peut-être davantage, se pressent entre les colonnades du Bernin, ces deux immenses bras de pierre qui enserrent maternellement cette foule joyeuse et colorée qui ressemble à l'humanité. Il est 18h48, ce 19 avril, lorsque Joseph Ratzinger apparaît à la loggia des bénédictions. Il vient d'être élu par le conclave. Il a choisi de s'appeler Benoît XVI. Il succède ainsi à Jean-Paul II, Jean-Paul Ier, Paul VI, Jean XXIII, Pie XII, Pie XI, Benoît XV, Pie X, Léon XIII, Pie IX, Grégoire XVI, Pie VIII, Léon XII, Pie VII...

Si Joseph Ratzinger avait pu procéder à la même bénédiction apostolique, au début des années 1800, du haut du balcon de Saint-Pierre, aurait-il été décontenancé ? Peut-être aurait-il remarqué dans la foule des pèlerins un tout jeune collégien anglais nommé Nicholas Wiseman, celui qui nous a servi de guide au début de ce récit, lui aussi appelé à devenir un des princes de l'Église catholique, lui aussi fasciné par l'impressionnant décorum romain : la majestueuse façade de la basilique et la coupole là-haut, scintillant dans le ciel de l'Italie; les colonnes du Bernin qui enserrent toute cette assemblée disparate; le mélange de familles nombreuses italiennes et de groupes étrangers en costume traditionnel, de croyants riches et pauvres, de fidèles âgés et adolescents; et aussi la prière de la foule à l'unisson, en latin, et le lent signe de croix effectué par le petit vieillard en blanc, flanqué de quelques cardinaux, sur la célèbre loggia:

... In nomine Patris, et Filii et Spiritus Sancti!
– Amen!

Près de deux siècles séparent le séminariste britannique et le pape bavarois. Rien n'a changé sous le soleil du Vatican. Pourtant le monde n'a plus rien à voir, en ce début de troisième millénaire, avec ce qu'il était au lendemain de la Révolution française: la science et les techniques, les régimes politiques et économiques, l'alimentation et la santé, l'habillement et la culture, les transports et la vitesse, l'espace et l'informatique, tout est différent! La seule autorité humaine qui a traversé les siècles, résisté aux révolutions et survécu aux guerres mondiales sans changer son discours, sa liturgie, ses vêtements, ses rites, et jusqu'à sa façon de bénir la foule, c'est le pape.

Aucune institution humaine n'est plus ancienne que celle-là: un peu plus de deux mille ans. Aucune ne représente autant de membres: 1,3 milliard de fidèles éparpillés aux quatre coins de la terre. Le lot de tous les papes qui se succèdent au balcon de Saint-Pierre, dans des conditions plus ou moins dramatiques, dans un monde plus ou moins guerrier, c'est de perpétuer ce miracle: incarner ces deux millénaires de traditions, de doctrines, de rituels et de normes, et, en même temps, représenter ces centaines de millions de fidèles exprimant, aux quatre coins de la terre, des histoires, des patrimoines et des cultures, dans une infinie diversité.

Le « métier » de pape, comme disait plaisamment Jean-Paul II, c'est d'abord de veiller au respect de la tradition et à l'unité de l'Église. Ce « métier » est proprement surhumain. Or, la vie des papes, leur personnalité, leur origine sociale, leur formation, leur foi religieuse, leur sens politique, montrent que ces hommes, auxquels le destin a conféré un jour cette responsabilité unique au monde, ne sont pas des surhommes ni des demi-dieux, et qu'ils sont tous différents : Benoît XVI est très différent de Jean-Paul II, qui était lui-même très différent de Paul VI, de Pie XII ou de Pie X. Chaque pape est un homme particulier, avec son histoire, ses racines, sa famille, sa formation, son caractère, ses défauts et ses qualités.

Ainsi Benoît XVI est-il d'abord un professeur de théologie, habitué aux amphithéâtres studieux et aux controverses savantes. Enthousiasmé par l'aventure du concile Vatican II, où il figura parmi les plus jeunes « experts », il fut meurtri par les excès de mai 1968 jusque dans sa propre université de Göttingen et laissa ses collègues réformistes – les Karl Rahner et autres Hans Küng – poursuivre sans lui leur chemin irrespectueux et incertain.

Jean-Paul II, qui appréciait l'intelligence et la culture de ce théologien d'exception, en fit le préfet de la congrégation pour la Doctrine de la foi, l'ancienne « Sacrée Congrégation de la Sainte Inquisition » devenue le Saint-Office, que Paul VI, heureusement, avait débaptisée et réformée en profondeur. Pendant deux décennies, le cardinal Ratzinger fut le « gardien du dogme », l'homme chargé de dire ce qui est catholique et ce qui ne l'est pas. Quoi de plus naturel qu'on en fît, notamment dans les médias, un parangon de conservatisme, et que son élection par le conclave, en avril 2005, fît grincer bien des dents ?

Enfin, Joseph Ratzinger est né en Bavière. Un pape allemand, la belle affaire ! L'élection du Polonais Karol

Wojtyła, en 1978, a relégué l'origine nationale d'un pape au rang des anecdotes secondaires. Adrien VI n'était-il pas né à Utrecht ; Jean XXI, à Lisbonne ; et Clément VI, à Rosiers-d'Égletons, dans le Limousin ? N'est-ce pas par hasard que la papauté s'est fixée à Rome, sur la colline du Vatican, il y a deux mille ans ? Non pas par la volonté de Dieu, mais en raison de circonstances historiques très précises : c'est là qu'est mort le premier chef de l'Église, Simon Pierre, qui fut le plus proche compagnon de Jésus.

Les papes de demain

Ce qui est important, c'est que Benoît XVI est né dans une région très catholique, au cœur de l'Europe de l'entre-deux-guerres, un territoire à jamais marqué par la musique de Mozart et les crimes d'Adolf Hitler. Il est le produit et le témoin d'une Europe fondamentalement chrétienne, qui a élaboré les œuvres de l'esprit les plus admirables et les plus sophistiquées, mais aussi les œuvres de mort les plus machiavéliques et les plus barbares. Or cette Europe n'est plus le centre de la chrétienté. De même qu'un Pie IX avait été le dernier pontife héritier d'un royaume et détenteur d'un pouvoir temporel, Benoît XVI est le dernier représentant d'une génération façonnée par les deux guerres mondiales et les horreurs qu'elles ont générées : le nazisme, le bolchevisme, l'antisémitisme, la Shoah, le goulag, etc.

L'Histoire n'est pas figée. D'autres papes, demain, seront issus des communautés catholiques d'Amérique latine, ou des paroisses bouillonnantes de l'Afrique noire, ou, qui sait, plus tard, de nouveaux territoires catholiques d'extrême Asie. Or, ces papes de demain et d'après-demain, ces futurs Paul VIII, Benoît XIX, Mamadou II ou Pablo III, à quelques variantes près, seront élus de la même façon que leurs aînés, ils porteront les mêmes vêtements liturgiques, prieront dans les mêmes lieux, prononceront les mêmes paroles, célébreront les mêmes offices. Ils seront porteurs de la même tradition et, surtout, de la même Révélation, celle qui fit dire un jour à un certain Jésus de Nazareth s'adressant à un certain Simon Pierre :

> Tu es Pierre et sur cette pierre je bâtirai mon Église.

Glossaire

APOSTOLIQUE : désigne tout ce qui est lié au successeur de saint Pierre.

ARCHEVÊQUE : évêque titulaire d'un siège métropolitain (regroupant plusieurs diocèses).

BAPTÊME : cérémonie par laquelle on devient chrétien.

BULLE : lettre solennelle du pape.

CAMERLINGUE : cardinal responsable, à la mort du pape, de l'organisation de la succession.

CARDINAL : la plus haute dignité dans l'Église (conférée par le pape lors d'un « consistoire »).

CATHÉDRALE : église mère d'un diocèse, où siège l'évêque.

CLERGÉ : ensemble des fidèles engagés dans l'état ecclésiastique.

CONCÉLÉBRATION : messe dite par plusieurs prêtres.

CONCILE : assemblée des évêques convoquée par le pape et représentant toute l'Église.

CONCLAVE : réunion des cardinaux pour élire le pape.

CONCORDAT : convention passée entre le Saint-Siège et un État.

CONFÉRENCE ÉPISCOPALE : assemblée des évêques d'un pays.

CONGRÉGATION : société de prêtres ou de laïques vivant selon une règle communautaire. (Peut signifier aussi « réunion », par exemple avant un conclave.)

CONSISTOIRE : réunion des cardinaux.

CREDO : prière par laquelle on proclame sa foi. (« Je crois en Dieu… »)

CULTE : ensemble des manifestations par lesquelles on vénère Dieu.

CURIE : gouvernement de l'Église universelle.

DIACRE : homme engagé dans l'Église sans avoir été ordonné prêtre.

DICASTÈRE : nom donné aux divers organes de la curie (congrégation, tribunal, etc.).

DIOCÈSE : territoire dépendant d'un évêque (on dit aussi « évêché »).

ECCLÉSIASTIQUE : adjectif désignant tout ce qui est lié à l'Église.

ÉMINENCE : titre honorifique d'un cardinal.

ENCYCLIQUE : lettre solennelle du pape adressée à tous les chrétiens.

EUCHARISTIE : le pain et le vin représentant le corps et le sang du Christ.

ÉVANGILE : recueil, rédigé par quatre apôtres, des paroles et des gestes de Jésus.

FIDÉISME : doctrine qui considère que seule la foi, et non la raison, mène à la vérité.

GÉNÉRAL : supérieur général d'un ordre religieux.

HOMÉLIE : commentaire des lectures faites au début de la messe (synonyme de « sermon »).

INDEX : liste d'ouvrages prohibés par le pape (tombé en désuétude en 1966).

LAÏQUES : ensemble des fidèles ne faisant pas partie du clergé.

LITURGIE : ensemble des célébrations et des rites officiels de l'Église.

MÉTROPOLITE : évêque titulaire d'un siège métropolitain (dans les Églises orientales).

MITRE : coiffe liturgique de l'évêque.

MONASTÈRE : établissement abritant une communauté de moines.

MOTU PROPRIO : décret pris par le pape.

NONCE APOSTOLIQUE : ambassadeur du pape auprès d'un gouvernement étranger.

ŒCUMÉNIQUE : qui concerne l'ensemble des confessions chrétiennes.

ŒCUMÉNISME : rapprochement des diverses confessions chrétiennes.

ORDINATION : cérémonie par laquelle un chrétien devient prêtre.

PAROISSE : cellule de base de l'Église.

PATRIARCHE : dignité suprême attribuée au responsable d'une Église chrétienne.

PENTECÔTE : commémoration du don de l'Esprit aux apôtres après la mort du Christ.

PRÉLAT : dignité propre aux membres du clergé travaillant au Vatican (et appelés « monseigneur »).

PRESBYTÈRE : habitation du curé d'une paroisse.

PROVINCIAL : responsable d'un territoire (pour un ordre religieux).

SACRÉ COLLÈGE : l'ensemble des cardinaux de l'Église.

SACREMENTS : rites fondamentaux de la foi chrétienne (baptême, eucharistie, réconciliation, mariage, etc.).

SAINT-ESPRIT : troisième représentation de Dieu (avec le Père et le Fils).

SAINT SACREMENT : support de l'hostie sacrée symbolisant le corps du Christ.

SEMAINE SAINTE : semaine précédant la fête de Pâques, célébrant le calvaire, la mort, puis la résurrection du Christ.

SYNODE : assemblée délibérante des évêques.

TIARE : coiffe d'apparat des papes (abandonnée sous Paul VI).

URBI ET ORBI : « à la ville et au monde » (se dit, par exemple, d'une bénédiction solennelle).

VICAIRE : toute fonction ecclésiastique de suppléant ou d'adjoint. (On dit du pape qu'il est le « vicaire du Christ ».)

VISITE *AD LIMINA* : visite d'évêques « aux tombeaux des apôtres », c'est-à-dire au Vatican.

Orientations bibliographiques

COMMEAUX (Charles), *Les Conclaves contemporains*, France-Empire, 1985.

HILAIRE (Yves-Marie), *Histoire de la papauté, 2000 ans de missions et de tribulations*, Seuil, collection « Points Histoire », 2003.

KELLY (J. N. D.), *Dictionnaire des papes*, Oxford University Press/Brepols, 1994.

LECOMTE (Bernard), *Les Secrets du Vatican*, Perrin, 2009.

LESOURD (Paul) et PAILLAT (Claude), *Dossier secret des conclaves*, Presses de la Cité, 1969.

LEVILLAIN (Philippe), *Dictionnaire historique de la papauté*, Fayard, 1994.

PICHON (Charles), *Le Vatican hier et aujourd'hui*, Fayard, 1968.

TINCQ (Henri), *Ces papes qui ont fait l'histoire*, Stock, 2006.

Sur le XIXe siècle

ARTAUD DE MONTOR (Alexis-François), *Histoire du pape Léon XII*, Le Clerc, 1843.

BAUNARD (Mgr), *Le Cardinal Lavigerie*, Librairie Ch. Poussielgue, 1896, tomes I et II.

CRETINEAU-JOLY (Jacques), *Mémoires du cardinal Consalvi, secrétaire d'État du pape Pie VII*, Plon, 1864.

LEFLON (Jean), *L'Église concordataire et impériale*, Maison de la Bonne Presse, 1947.

MELCHIOR-BONNET (Bernardine), *Napoléon et le pape*, Le Livre contemporain, 1958.

PACCA (cardinal Barthélemi), *Mémoires*, Vanlinthout et Vandenzande, 1833.

PELLETIER (Gérard), *Rome et la Révolution française, La théologie et la politique du Saint-Siège devant la Révolution française (1789-1799)*, École française de Rome, 2004.

THIERRY (Jean-Jacques), *La vie quotidienne au Vatican au temps de Léon XIII*, Hachette, 1963.

TULARD (Jean), *Dictionnaire Napoléon*, Fayard, 1999.

VILLEFRANCHE (J.-M.), *Pie IX, sa vie, son histoire, son siècle*, Josserand, 1876.

Sur le XXe siècle

ALBERIGO (Giuseppe), *Histoire du concile Vatican II (1959-1965)*, Cerf/Peeters, 1997-2005.

BAUDRILLART (Alfred), *Les Carnets du cardinal (1914-1942)*, Cerf, 1996-2003.

CHENAUX (Philippe), *Pie XII, Diplomate et pasteur*, Cerf, 2003.

CHIRON (Yves), *Paul VI, Le pape écartelé*, Perrin, 1993.

COLLEVILLE (Ludovic comte de), *Pie X intime*, Félix Juven, 1911.

DREYFUS (Paul), *Jean XXIII*, Fayard, 1979.

GOYAU (Georges), *Sa Sainteté le pape Pie XI*, Plon, 1937.

HEBBLETHWAITE (Peter), *Jean XXIII, Le pape du Concile*, Bayard, 2000.

LECOMTE (Bernard), *Jean-Paul II*, Gallimard, collection « Grandes biographies », 2003.

LECOMTE (Bernard), *Benoît XVI, le dernier pape européen*, Perrin, 2006.

SERROU (Robert), *Pie XII, Le pape-roi*, Perrin, 1992.

VIAN (Nello), *Pie X*, Desclée de Brouwer, 1954.

WEIGEL (George), *Jean-Paul II, Témoin de l'espérance*, JC Lattès, 2005.

Table des matières

« Le roman des lieux et destins magiques »
Collection dirigée par Vladimir Fédorovski

Déjà parus :

Le Roman de la Russie insolite, Vladimir Fédorovski.
Le Roman de Saint-Pétersbourg, Vladimir Fédorovski, prix de l'Europe.
Le Roman du Kremlin, Vladimir Fédorovski, prix du Meilleur Document de l'année, prix Louis-Pauwels.
Le Roman d'Athènes, Marie-Thérèse Vernet-Straggiotti.
Le Roman de Constantinople, Gilles Martin-Chauffier, prix Renaudot essai.
Le Roman de Shanghai, Bernard Debré, prix de l'Académie des sciences morales et politiques.
Le Roman de Berlin, Daniel Vernet.
Le Roman d'Odessa, Michel Gurfinkiel.
Le Roman de Séville, Michèle Kahn, prix Benveniste.
Le Roman de Vienne, Jean des Cars.
La Fabuleuse Histoire de l'icône, Tania Velmans.
Dieu est-il gascon ?, Christian Millau.
Le Roman de Saxe, Patricia Bouchenot-Déchin.
La Fabuleuse Histoire de Malte, Didier Destremau.
Le Roman d'Hollywood, Jacqueline Monsigny et Edward Meeks.
Le Roman de Chambord, Xavier Patier, prix du Patrimoine.
Le Roman de l'Orient-Express, Vladimir Fédorovski, prix André-Castelot.
Le Roman de Budapest, Christian Combaz.
Je serai la princesse du château, Janine Boissard.
Mes chemins secrets, Jacques Pradel.
Le Roman de Prague, Hervé Bentégeat.
Le Roman de l'Élysée, François d'Orcival.
Le Roman de Tolède, Bernard Brigouleux et Michèle Gayral.
Le Roman de l'Italie insolite, Jacques de Saint-Victor.
Le Roman du Festival de Cannes, Jacqueline Monsigny et Edward Meeks.
Le Roman des amours d'Elvis, Patrick Mahé.
Le Roman de la Bourgogne, Francois Céséra.
Le Roman de Rio, Axel Gyldén.
Le Roman de la Pologne, Beata de Robien.
Les Fabuleuses Histoires des trains mythiques, Jean-Paul Caracalla.
Les Romans de Venise, Gonzague Saint Bris.
Le Mystère des Tuileries, Bernard Spindler.
Le Roman de la Victoire, Bertrand de Saint-Vincent.
Le Roman de Québec, Daniel Vernet.
Le Roman de Mai 68, Jean-Luc Hees.
Le Roman d'Israël, Michel Gurfinkiel.

Le Roman de Bruxelles, José-Alain Fralon.
Le Roman de Pékin, Bernard Brizay.
Obama, Le Roman de la nouvelle Amérique, Audrey Claire.
Le Roman de mes chemins buissonniers, Jean-Pierre Fleury.
Le Roman du désert, Philippe Frey.
Le Roman d'un pianiste, Mikhaïl Rudy.
Le Roman de Bretagne, Gilles Martin-Chauffier.
Le Roman de Madrid, Philippe Nourry.
Le Roman de Cuba, Louis-Philippe Dalembert.
Le Roman de Marrakech, Anne-Marie Corre.
Le Roman du Mexique, Babette Stern.
Le Roman du Vatican secret, Baudouin Boallert et Bruno Bartoloni.
Le Roman de Nice, Jean Siccardi.
Le Roman de Saint-Tropez, Nicolas Charbonneau.
Les Amours de Hollywood, Pierre Lunel.
La Grande Épopée de la traversée de la Manche, Albéric de Palmaert.
Le Roman de la chanson française, David Lelait-Helo.
Le Roman du Jardin du Roy, Philippe Dufay.
Le Roman de l'âme slave, Vladimir Fédorovski.
Le Roman du loup, Claude-Marie Vadrot.
Le Roman de l'Inde insolite, Catherine Golliau.
Le Roman du cinéma français, Dominique Borde.
Le Roman de Belgrade, Jean-Christophe Buisson, prix de la Fondation Karić 2010.
Le Roman de Tolstoï, Vladimir Fédorovski.
Le Roman de la Rome insolite, Jacques de Saint Victor.
Le Roman de Saigon, Raymond Reding.
Le Roman de Napoléon III, Christian Estrosi et Raoul Mille.
Le Roman de Biarritz, Sylvie Santini, prix des Trois Couronnes 2010.
Le Roman de l'Orient insolite, Bernard Saint Bris.
Le Roman des maisons closes, Nicolas Charbonneau, Laurent Guimer.
Le Roman de Sissi, Elisabeth Reynaud.
Le Roman des Marins, Laurent Mérer.
Le Roman des Provences, Jean Siccardi.
Le Roman de Hemingway, Gérard de Contanze.

Retrouvez la collection emblématique

Le Roman de

présentée par Vladimir Fédorovski

19,90 €
ISBN 978 2 268 06896 1
727 325 4

19,90 €
ISBN 978 2 268 06922 7
727 349 8

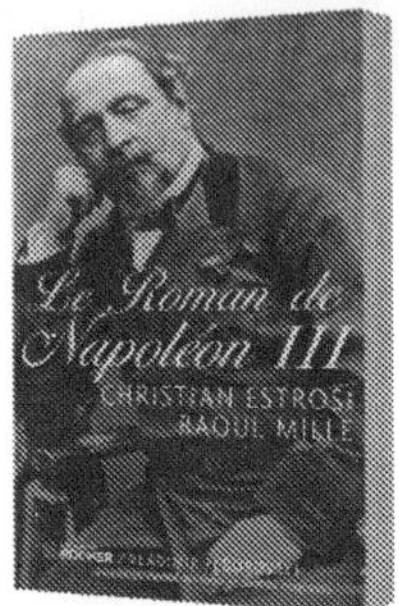

19,90 €
ISBN 978 2 268 06959 3
727 381 8

19,90 €
ISBN 978 2 268 06954 8
727 380 5

19,90 €
ISBN 978 2 268 06944 9
727 370 4

19,90 €
ISBN 978 2 268 06976 0
727 398 0

17,90 €
ISBN 978 2 268 06964 7
727 386 3

19,90 €
ISBN 978 2 268 06990 6
728 906 6

19,90 €
ISBN 978 2 268 07015 5
728 932 7

19,90 €
ISBN 978 2 268 07020 9
728 937 2

19,90 €
ISBN 978 2 268 07080 3
728 996 5

19,90 €
ISBN 978 2 268 07100 8
908 440 3

Groupe DDB/Éditions du Rocher
10, rue Mercœur - 75011 Paris
www.editionsdurocher.fr

éditions du ROCHER

Découvrez la nouvelle collection

LE PETIT ROMAN DE

9,90 €
ISBN 978 2 268 06943 2
727 369 0

9,90 €
ISBN 978 2 268 06925 8
727 355 7

9,90 €
ISBN 978 2 268 06965 4
727 387 6

9,90 €
ISBN 978 2 268 06980 7
728 909 5

9,90 €
ISBN 978 2 268 06999 9
728 917 0

9,90 €
ISBN 978 2 268 07022 3
728 939 8

9,90 €
ISBN 978 2 268 07044 5
728 975 0

9,90 €
ISBN 978 2 268 07063 6
728 979 2

9,90 €
ISBN 978 2 268 07082 7
728 998 1

Pour être informé des nouvelles parutions et profiter de nombreux avantages, rejoignez le **Club des Amis de Vladimir** !

Oui, je rejoins le Club des Amis de Vladimir...

Mlle, Mme, M. ....

Adresse postale ....

Code postal .... Ville ....

Téléphone ....

Adresse mail .... @ ....

... et je profite de tous les avantages réservés aux membres.

A retourner à : Groupe DDB/Éditions du Rocher - Club des Amis de Vladimir - 10 rue Mercœur - 75011 Paris
ou : amisdevladimir@ddbeditions.com

Composition et mise en pages réalisées par
Compo 66 – Perpignan
183/2011

Éditions du Rocher
28, rue du Comte-Félix-Gastaldi
98000 Monaco
www.editionsdurocher.fr

Achevé d'imprimer sur Roto-Page
par l'Imprimerie Floch à Mayenne
en avril 2011
Imprimé en France
Dépôt légal : mai 2011
N° d'impression : 79447